Todos los libros de Linkgua Ediciones cuentan con modelos de Inteligencia Artificial entrenados por hispanistas. Pregúntale al chat de tu libro lo que desees acerca de la obra o su autor/a.

Para ebooks: Accede a nuestro modelo de IA a través de este enlace.

Para libros impresos: Escanea el código QR de la portada con tu dispositivo móvil.

Obtén análisis detallados de nuestros libros, resúmenes, respuestas a tus preguntas y accede a nuestras ediciones críticas generativas para una experiencia de lectura más enriquecedora.
La transparencia y el respeto hacia la autoría de las fuentes utilizadas son distintivos básicos de nuestro proyecto. Por ello, las respuestas ofrecen, mediante un sistema de citas, las fuentes con las que han sido elaboradas.

Juan Valera

Leyendas del antiguo oriente

Barcelona 2024
Linkgua-ediciones.com

Créditos

Título original: Leyendas del antiguo Oriente.

© 2024, Red ediciones S.L.

e-mail: info@linkgua.com

Diseño de cubierta: Michel Mallard.

ISBN rústica ilustrada: 978-84-9953-666-8.
ISBN tapa dura: 978-84-1126-111-1.
ISBN ebook: 978-84-9897-955-8.

Sumario

Brevísima presentación

La vida

Juan Valera (Cabra, Córdoba, 1824-Madrid, 1905). España. Político y diplomático, fue un hombre culto y refinado, con numerosas aventuras amorosas y amistades literarias. Se inició en el servicio diplomático con el duque de Rivas, embajador en Nápoles, y allí estudió griego. Más tarde estuvo en Portugal, Rusia, Alemania, Brasil, Estados Unidos, Bélgica y Austria.

Leyendas del antiguo Oriente

El recuerdo de la gran civilización greco-romana, ya gentílica, ya transfigurada más tarde por el Cristianismo, no dejó de columbrarse hasta en los siglos más tenebrosos de la Edad Media. Los pueblos de Europa siguieron avanzando a la luz de aquel recuerdo, y pronto volvieron al verdadero camino de la civilización, del cual no cabe duda que se habían apartado. Y no es esto negar la marcha constantemente progresiva del humano linaje. Un caminante se pierde por la noche en una intrincada y oscura selva: atraviesa espesos matorrales, breñas confusas y medrosos precipicios; tal vez rodea mucho; tal vez gasta más tiempo y se fatiga más de lo que debiera; pero vuelve al cabo a hallarse en el buen sendero, más adelante del punto en que se perdió, y más cerca del término a que aspira. No de otra suerte comprendemos el retroceso aparente de la civilización del mundo, en ciertos períodos históricos.

Importa, además, tener presente, que cuanto por la intensidad se menoscaba, suele compensarse en difusión. Más alumbra acaso una lámpara, suspendida en la bóveda de un pequeño santuario, que la Luna esparciendo sus rayos por el espacio profundo de los cielos. Y, sin embargo, el fulgor de la Luna es infinitamente mayor que el de la lámpara. Lo mismo ha podido afirmarse de la civilización, cuando se ha encerrado dentro de los límites de un solo pueblo, o tal vez ha iluminado solo a una casta de hombres superiores, o por naturaleza o por institución religiosa, civil o política. La suma del saber extendida por el mundo todo en el siglo X de la Era cristiana, por ejemplo, era mayor, sin duda, que la suma del saber que había en el mundo en el siglo IV antes de dicha Era. En balde se buscará, no obstante, en todas las regiones y entre todas las razas de hombres, en el siglo X, un florecimiento artístico, poético y filosófico, como el que hubo en el siglo IV antes de la venida de Cristo, en una pequeña comarca de Europa, cuyo centro fue Atenas.

La memora, aunque vaga, de aquel florecimiento, los restos de aquella antigua civilización sirvieron de guía, estímulo y mira a las naciones de Europa, las cuales, pensando solo en hacer que aquella ya muerta civilización renaciese, aspirando solo a retroceder hasta allí para encontrar su ideal, lograron en la época del Renacimiento, no ya un mero renacimiento, sino una civilización mayor, más comprensiva y más varia, en la cual no era todo la antigua civilización clásica, sino era un elemento, una parte, uno de los muchos factores. Fue como planta marchita, que se había cortado hasta el haz de la tierra, pero cuyas raíces vivían. Cuando a fuerza de esmerado cultivo, retoño, reverdeció, y volviendo a florecer, dio abundantes frutos, hubo de notarse, con agradable sorpresa, que los frutos eran otros, ricos y extraños, mejores de los que se esperaban, porque en la raíz de la planta antigua se habían introducido, insensible y misteriosamente, como otros tantos injertos fecundos, mil peregrinas ideas, nociones y pensamientos. El poeta, que pensó imitar a Homero o a Virgilio, puso en su obra algo nuevo y superior, y fue Dante o Tasso; el filósofo, que pensó comentar a Platón o Aristóteles, creó en su comentario una nueva filosofía que aquéllos jamás soñaron; los humildes glosadores de las leyendas romanas abrieron inspirada y divinamente ancho e inexplorado campo y jamás hasta entonces vislumbrados y claros horizontes, por donde alcanzaron a entrever un concepto más puro y sublime de la justicia en la sociedad y en los individuos; y los estudiosos admiradores de Plinio, Dioscórides, Hipócrates y Galeno, buscando inspiración a fin de anotarlos y de aclararlos, descubrieron en el oculto seno de la naturaleza más hondas verdades que cuantas sus maestros habían llegado jamás a conocer y a divulgar entre los hombres.

En nuestro sentir, lejos de ser el Renacimiento, con la adoración que no pudo menos de suscitar en favor de los antiguos, y con el prurito constante de imitarlos, un estorbo para que lo original y lo propio apareciesen, una distracción hacia lo pasado que nos embelesaba y reteníasin ir a la conquista del porvenir, fue un incentivo poderoso, un estímulo ardiente, quizá una saludable alucinación por donde, imaginando volver atrás en pos del remedio, nos lanzamos con brío hacia adelante, en busca de lo desconocido.

Posteriormente, cuando los pueblos de la moderna Europa contemplaron el camino andado y tuvieron plena conciencia de la superioridad de su civilización, el respeto a los antiguos se convirtió en orgulloso menosprecio y en desdén injusto, el cual, empezando por las ciencias, y en este punto llegando a su colmo en el siglo XVIII, vino a extenderse también a principios de nuestro siglo por los dominios del arte y de la poesía.

Por dicha, en época posterior y algo reciente, mitigada la pasión del engreimiento, pero sin que reviva por eso la ciega admiración anterior, hemos venido a un término justo y razonable de estimación a la antigua cultura clásica, la cual fue nuestro norte; y hemos evaluado y tasado en lo debido su importancia, su influjo y su cooperación eficaz en los desenvolvimientos ulteriores del espíritu humano.

Predispuestos así los ánimos en nuestros días, hemos anhelado como nunca descubrir y saber las cosas todas, y hemos manifestado una equitativa y serena imparcialidad para juzgarlas. Desde el renacimiento clásico hasta ahora, el espíritu de los pueblos europeos ha encumbrado su vuelo a tal altura, que mientras otea entre nieblas no poco de su confuso porvenir, va penetrando en los abismos de lo pasado, y ensanchando por ambos extremos el imperio vastísimo de la historia. Y no podía ser de otra suerte, porque no podía reducirse nuestro conocer a una porción de tiempo mezquina, después de haberse dilatado por el espacio sin término. El hombre de ahora, que ha hollado con sus pies todas las regiones del globo que habita, y que ha llegado a abarcar con sus ojos mortales la insondable Profundidad del éter, ha querido hacer y ha hecho no menos importantes conquistas en el tiempo que en el espacio.

Si quedan en pie las dudas sobre el principio que pudo tener este infinito Universo, y hasta sobre el origen de la tierra, nuestra morada, y sobre la aparición en ella de nuestros primeros padres, de todo lo cual solo la fe o la imaginación siguen dando explicaciones, mientras que la verdadera ciencia niega o calla; al menos ese principio, ese origen y esa aparición incomprensibles, han ido retrocediendo en nuestra mente hasta perderse en la noche tenebrosa del tiempo, y han dejado al descubierto un larguísimo período, millares de años de existencia, no ya solo para el globo en que vivimos, sino también para el linaje humano.

Sobre el origen de éste y del mundo no puede ya aquietarse la curiosidad, dándose por satisfecha con los mythos de los antiguos Libros Sagrados o con las bellas fábulas que los poetas han inventado o nos han transmitido, prestándoles una forma inmortal. Sin embargo, menester es confesarlo, las explicaciones de los sabios modernos acerca de estas cosas, no por ser menos poéticas nos parecen menos inverosímiles y disparatadas. Algunos naturalistas de ahora tal vez tengan razón, tal vez nosotros seamos atrevidos y hasta insolentes en no querer creerlos, pero muchas de sus teorías tienen visos

de ser tan extravagantes como las expuestas en el Antropo-
demus plutonicus y en El ente dilucidado del padre Fuente de
la Peña. Schmidt, por ejemplo, supone que las formas pasan
o se transmiten de unos seres a otros; ya del animal a la
planta, ya de la planta al animal. Así, de un tulipán saca
un cisne, poniendo patas a la cebolla y a la flor pico, y de la
cola de un león, desprendida por cierto accidente, y caída y
enclavada en terreno fértil, produce una airosa y vencedora
palma. Oken, reconoce que el hombre no debió de aparecer
sobre la tiera ya perfecto y adulto, pero tampoco cree posible
que apareciese como aparece ahora, no teniendo madre ni
nodriza que le cuidase y amamantase, y siendo una criatura
tan menesterosa e incapaz en los primeros años de su vida.
Para salvar estas dificultades, imaginó Oken que en el seno
de los mares, cuando estaban aún a muy elevada tempera-
tura, se formaron unos huevos donde los primeros hombres
se criaron y empollaron hasta la edad de tres o cuatro años.
La marea hubo de ir depositando estos huevos en la playa, y
de ellos salieron ya los muchachos, listos y traviesos, y aptos
para alimentarse de mariscos, raíces, frutas silvestres y sa-
bandijas. Tal fue el origen de la humanidad. Otro sabio, llamado Ritgen, hace nacer a los primeros hombres en el cáliz
de ciertas flores gigantescas. Otros, por último, y esta es la
opinión que ahora priva, hacen que todo proceda de ciertas
moléculas o globulillos viscosos o glutinosos, los cuales van
compaginando y construyendo todas las formas y maneras
de la vida, desde los grados más ínfimos hasta el grado supremo, que en el día es el hombre, y seguirá siéndolo mientras
no se forme, engendre y cuaje otro género superior que nos
quite la supremacía y el imperio, y nos mate a desazones y
malos tratos. Edgardo Quinet, en su reciente y amena obra
La Creación, se muestra muy inclinado a esta doctrina, y

harto receloso de que el día menos pensado nos encontremos como quien dice de manos a boca y al revolver de una esquina, con este ser superior al hombre, que nos destrone y confunda, y de quien seamos animal doméstico, como es para nosotros el perro o el gato. Con dolor prevé Edgardo Quinet que, en nuestro orgullo de reyes de la creación, no hemos de querer conformarnos con un papel tan humilde, y que todos nos hemos de morir de pena, aunque somos ya de 1.200 a 1.300 millones. No de otra suerte se extinguió la raza de los antropiscos, que, según otro sabio llamado Bergmann, en sus Estudios de Ontología general, precedió inmediatamente al hombre, y fue el eslabón de la cadena que le une al chimpancé, al gorila y a otros monos mayúsculos, desde los cuales, si seguimos retrocediendo en los grados de la vida, iremos a parar a los globulillos pegajosos de que ya hemos hablado. Pero estos globulillos, sacos o vejigüelas que contienen la vida, ¿cómo se han formado? ¿Cómo de lo inorgánico ha procedido lo orgánico? A esto se contesta con la ley de formación progresiva y hasta se cita el uranoelain, que es una sustancia orgánica vesicular, que se halla en la nieve cuando cae de las nubes. Teniendo ya a mano las tales vejigüelas, no queda criatura que no se fabrique con ellas y que, por sus pasos contados, de ellas no vaya saliendo.

Del moho sale el hongo, del hongo el liquen, del liquen el musgo, del musgo el helecho y del helecho la palma; mientras que por otro lado, sale del pulpo el caracol, del caracol el cangrejo, y del cangrejo el pez, y del pez el lagarto, y del lagarto el cuadrúpedo, y del cuadrúpedo el mono, y del mono el antropisco, y del antropisco el hombre, y del hombre ese sujeto de quien tenemos tanto que recelar, según Edgardo Quinet. Llama dicho autor a la destrucción de nuestra especie por el mencionado sujeto una profecía de la ciencia. Es el último capítulo de su obra, la Apocalipsis de este Novísimo Testamento. Nuestras artes, nuestras literaturas, nuestra elocuencia parlamentaria, nuestras cavatinas, arias y sinfonías, todo se acabará. ¿Qué permanecerá de todo?, pregunta Edgardo Quinet. Y él mismo responde: «Lo que hoy queda del murmullo de los insectos en la floresta carbonífera.» Por cierto que no valía la pena que se ha tomado de estar estudiando ciencias naturales durante diez años, según afirma este profeta, para prorrumpir al cabo en un tan desconsolador vaticinio. Entretanto, conviene vivir sobre aviso y con la barba sobre el hombro; y si descubrimos en germen a ese nuevo ser, no hay mas que exterminar el germen, aunque sea obra poco caritativa, imitando en esto la conducta prudente de los pigmeos, quienes, según autores fidedignos, bajan todas las primaveras de los montes en que habitan, caballeros en sendas cabras, y destruyen los huevos de sus acérrimos enemigos, las grullas.

Lo malo es, si hemos de creer a otros sabios, que ya es tarde para imitar a los pigmeos. Nuestras grullas han roto el cascarón: la raza que ha de acabar con nosotros, como nosotros acabamos con los antropiscos, vive y se extiende por el mundo y le domina, y ha empezado la obra de aniquilamiento. Darwin, Schaafhausen y otros doctos ingleses y alemanes, han explicado bien la teoría de que lo que es mejor y más fuerte, debe suplantar a lo que es peor y más débil. Las razas decaídas y endebles, que se quedan en grande atraso, que no pueden seguir, ni a remolque y a la larga distancia, a otras razas más enérgicas e inteligentes, están condenadas a perecer y de hecho perecen. Al contacto de toda civilización muy superior, los hombres de una civilización muy inferior, se mueren todos. Los portugueses y españoles, como no estábamos muy civilizados, no dimos muerte a todos los negros e indios con quienes entramos en relación cuando nuestros descubrimientos y conquistas; pero, según parece, los ingleses y los yankees, como más adelantados en civilización, tienen la misión de acabar con todos. A unos los matan a cañonazos porque se rebelan, como a los cipayos; a otros de hambre y de tristeza, arrojándolos de los terrenos fértiles que habitaban y acorralándolos e internándolos en tierras más estériles, como a los cafres, hotentotes, pieles-rojas y naturales de la Nueva Holanda y Nueva Zelanda; y a otros los matan de fastidio, con el empeño de que lean y se afinen, y estudien la Biblia, como a los alegres habitantes de Otahiti, olvidados ya de sus danzas lascivas y de sus fáciles amores, y sujetos a la férula de algún ministro protestante, empalagoso y cogotudo. Hablando Quinet de estos infelices polinesianos, exclama: «De una raza de hombres, esparcida sobre una inmensa extensión del globo, no quedará un individuo solo dentro de pocos años.» «Pronto, añade más adelante, no quedará de estas naciones sino una queja vaga del abismo, un canto popular, una lamentación, quizás algunas palabras de una lengua muerta que pasarán a la lengua de los europeos.» Como prueba de esta misión destructora de los ingleses, dice el doctor Zimmermann que la India Oriental había sido invadida por las feroces hordas de los mongoles y los turcomanos, los cuales incendiaron palacios y ciudades enteras, pasaron a cuchillo a los moradores, e hicieron otras cien mil insolencias. El país, con todo, era tan generoso y tan rico, que pudo alzarse de nuevo a la primera prosperidad. Pero fueron los ingleses a la India, y la India, que era antes un jardín florido, se va convirtiendo en un yermo, y su población de 400 millones se va reduciendo a la cuarta parte. Sin duda que en esto hay alguna exageración del doctor Zimmermann; mas no puede negarse que, aun despojando de la exageración, basta para demostrar cuán terrible es la civilización cuando llega muy desnivelada, y para hacernos sospechar si serán los ingleses ese género nuevo con que Edgardo Quinet nos amenaza, y que no bien acabe con los indios, ha de empezar a acabar con nosotros. Toda raza inferior, con respecto a otra superior, es un eslabón, un anillo de la cadena que une al hombre con la naturaleza bruta, y según lo explica satisfactoriamente el ya citado Schaafhausen, es una ley ineludible del progreso, que este eslabón o anillo se rompa y aniquile.

Quizá pensará alguien que nosotros por salir tan mal librados con esta Filosofía de la Historia, hija del consorcio de la Economía Política y de la Biologia, producto de la combinación de las teorías de Malthus y Darwin, la estimamos en poco y nos atrevemos a calificarla de inhumana y desconsoladora, cuando no la tenemos por falsa. Pero es lo cierto que la tenemos por falsa por convicción y sin que a ello nos mueva el menor interés. Apoyan dicha Filosofía de la Historia, los que la siguen, en el hecho supuesto de que el progreso se realiza, como si dijéramos, por la cima, por la cumbre, por la eminencia de las razas. Entienden que con el ejercicio se desenvuelven más ciertos órganos y de aquí nacen las nuevas especies. Los individuos primeros de las nuevas especies son como monstruos de las antiguas. Aquella duda profunda del padre Fuente de la Peña, acerca de si los monstruos lo son ellos o lo somos nosotros, ha venido a resolverse, según la teoría de Darwin, y resulta que los monstruos lo somos nosotros. El símil de la jirafa explica esto que no hay más que pedir. La jirafa era en un principio una como cabra montés o gacela; pero se fue a vivir a parajes donde no había yerba, y tuvo que alimentarse de las altas ramas hojosas de los árboles. Andaba, por lo tanto, casi continuamente estirando el pescuezo y las patas delanteras, y tal fue lo afanoso de este ejercicio durante muchas generaciones, que las patas delanteras y el pescuezo se le alargaron, y casi sin sentir vino a convertirse en jirafa. Así, mutatis mutandis, se explica el origen de las demás nuevas especies, cada vez mejores. Aplicada al hombre la susodicha teoría, debe entenderse que el inglés, a fuerza de discurrir y cavilar, ha ido empujando para arriba toda la parte anterior de su cráneo y haciendo más capaces los senos y más gruesas las protuberancias de la casualidad, comparación y demás facultades mentales superiores. Al mismo tiempo, los laberintos o circunvoluciones del meollo y encéfalo se han hecho más tortuosos y complicados, de lo cual depende, sin duda, el pensamiento, así como de la masa y volumen de los sesos, que se han hecho mayores. Y, por último, la buena alimentación ha acostumbrado el estómago inglés a extraer y a asimilar a su organismo mayor cantidad de fósforo, que es el ingrediente principal con que el pensamiento se confecciona, según Moleschott, Büchner y un boticario amigo nuestro. Lo que es Edgardo Quinet, en su ya citada Creación, saca de aquí un luminoso corolario. Casi prueba que con el Cesarismo se achican los sesos, se hacen más livianos y tienen menos circunvoluciones. Los sesos de cualquier francés pesan hoy menos y tienen menos laberintos que cuando comenzó a reinar Napoleón III.

De lo que haya de verdad en este modo de explicar el pensamiento, no queremos tratar aquí; pero explíquese el pensamiento como quiera, es indudable, a nuestro ver, que no se ha aumentado en el hombre la potencia o energía de pensar, desde los principios de la historia hasta el día. En esto no ha habido progreso, ni consiste en esto el progreso. Quien quiera que fuese el autor o los autores de los más antiguos himnos del Rig-Veda, de los Poemas homéricos, del libro de Job o de los Institutos de Manú, pensó con más energía y eficacia que Shakespeare componiendo todo su teatro, o que Newton descubriendo las leyes de la gravitación universal. Dados los pocos medios o elementos de que entonces se disponía, dado el escaso caudal del saber, adquirido entonces por herencia, cualquiera de los trabajos mencionados presupone un esfuerzo intelectual mil veces mayor; apenas se comprende sin que atribuyamos al autor un Poder sobrehumano, una inspiración semi-divina. Los primeros hierofantes de la humanidad, los que abrieron la senda del progreso, el hombre que detuvo.

La palabra veloz que antes huía, el que pensó por primera vez en la primera causa, y el que dio a un pueblo las primeras leyes, fueron superiores a los hombres de ahora, o al menos iguales a los genios más sublimes que produce o puede producir en el día la humanidad. Valmiki, Viasa, Zoroastro, Moisés, Sakia-Muni y Homero, si es que el pensamiento es fósforo, gran masa de meollo y muchas circunvoluciones en él, tuvieron todos tantas circunvoluciones como el que más en el día, y tuvieron sesos muy voluminosos y pesados, y consumieron toda una fosforería, destilando y secretando de ella mil ideas sublimes en la retorta del cráneo. Damos, pues, por seguro que no ha consistido el progreso en que una familia o varias, o cierto número de individuos, hayan ido elevandose y haciéndose superiores a los otros, sino en que de la superioridad primitiva de algunos individuos o familias han ido poco a poco haciendose participantes los demás, y subiendo por la educación y por las mejoras sociales al mismo nivel de moralidad y de inteligencia, hasta donde esto es posible, dada la desigualdad de aptitudes que la naturaleza pone en nosotros. También ha consistido, y consiste el progreso, en el caudal del saber y de experiencia que se transmiten las generaciones de unas en otras, caudal que ya no se perderá nunca y que irá creciendo cada día, con el trabajo incesante de los futuros pensadores.

Entendido así el progreso, debe considerarse, además, que la marcha ascendente de la humanidad no se ha realizado siempre en el mismo punto, ni entre las mismas tribus, naciones o gentes. Desde el primer albor de la historia hasta los tiempos de Ciro, el grande impulso civilizador estuvo en Asia; desde Ciro hasta Alejandro, Asia y Europa se disputaron el cetro de la civilización, y, por último, Europa le adquirió entonces, y si bien en cierto período, desde el siglo V al XII de nuestra Era, se diría que se le iba cayendo de la mano, y que Asia le recogía y volvía a empuñarle, hoy más que nunca Europa le mantiene.

Si echamos la vista sobre un mapa del mundo Antiguo, veremos que Europa es como una extremidad de Asia; como la sexta parte de aquel gran continente. Las razas y la civilización de Europa, de Asia han venido. Es, pues, extraño y parece anormal que estas razas, que son las mismas en Asia y en Europa, y esta civilización que en Asia tuvo origen, florezcan hoy en Europa, y en Asia estén como adormecidas o aletargadas. Es evidente, en nuestro sentir, que en Asia han de renacer. No creemos, como generalmente se cree, que los pueblos, las grandes familias humanas, cumplen su misión y mueren luego. No creemos que la vida toda del Asia se haya agolpado y como refugiado para siempre en este extremo que se llama Europa, y que, últimamente, hasta haya abandonado la mejor y mayor parte de este extremo, y haya ido a localizarse y a circunscribirse solo en las últimas tierras y naciones del Noroeste. Aunque este fenómeno singular se advierta ahora, hace tan poco tiempo que se advierte, que no puede ni debe mirarse sino como un accidente momentáneo en la historia del mundo. ¿Qué son tres o cuatro siglos, a lo más, durante los cuales Inglaterra, Francia y Alemania pueden reclamar con razón la supremacía, comparados con los veinte o veinticinco siglos que duró la civilización griega, desde Homero hasta Láscaris, y con los millares de años que han durado las civilizaciones orientales?

Estos pensamientos explican por qué los hombres del Occidente de Europa volvemos la vista con tanta curiosidad hacia el Oriente, de donde nos vino la luz, y por qué es tan fecundo todo recuerdo de las pasadas civilizaciones.

Desde mediados del siglo XV hasta fines del siglo XVI podemos marcar en la historia de la moderna Europa una época, que llaman del Renacimiento: la época en que revive o renace la antigua civilización greco-romana y obra los portentos de que hemos hablado al comenzar este escrito. Hoy, esto, desde un siglo ha, podemos afirmar que hay algo como otro renacimiento, el cual también será fecundo: un renacimiento de la ciencia, las lenguas, las religiones y las literaturas del Asia.

Prolija tarea y harto superior a nuestras fuerzas sería trazar aquí a grandes rasgos la historia de este Renacimiento oriental. No incumbe tampoco a nuestro propósito el hacerlo. Baste decir, que lo que más nos interesa, y lo que en efecto, se puede tener por demostrado hasta la evidencia, es nuestro cercano parentesco con los indios y con los persas, cuyos antepasados vivieron reunidos a los nuestros en época remotísima, difícil aún de determinar, al Norte del Caúcaso indiano. Esta sociedad primitiva, pueblo o tribu, es la raíz y el tronco de una gran raza civilizadora y progresiva en alto grado que ha extendido sus ramas frondosas cargadas de flores y frutos desde Ceilán hasta Islandia, dilatándose más tarde por toda la extensión de ambas Américas. Esta gran raza civilizadora se llama indo-europea o japética; el pueblo primitivo de que procede se llama los Arios. Otros pueblos de otras razas los precedieron y formaron grandes centros de civilización antes de que los arios apareciesen: tales son los chinos y los egipcios. Hay quien conjetura que hubo otros centros de civilización, como el de los atlantes, cuyo dominio se extendía por un continente inmenso, colocado entre Europa y América, y que se tragó la mar. Suponese, asimismo, que los pueblos semitas, esto es, los árabes, los hebreos, los caldeos y asirios, o más bien el tronco de que salieron, estuvo en época remotísima unido también al tronco ario. Esto, con todo, ni siquiera por indicios puede rastrearse. Ni en los idiomas semíticos hanse hallado hasta ahora bastantes voces ni formas reductibles a las de alguna lengua ariana, ni tradiciones autorizadas y concordes nos hablan de esta unión primitiva. Los semitas aparecen en la historia viviendo más hacia el Occidente que los arios; en las llanuras que bañan el Tigris y el Eúfrates.

En dichos tiempos, llamados con elegancia por Edgardo Quinet los propileos de la historia, figuran, además, otras razas blancas o amarillas, en guerra constante con los arios, y a quienes se designa con el nombre de turanienses o turaníes. El país que se extiende desde el Oriente del Mar Carpio al Imaus, regado por caudalosos ríos como el Jaxartes y el Oxo, en cuyo centro está el Lago Aral, y donde aún se ostentan ricas y famosas ciudades como Kiva, Bucara y Samarcanda, era el Turan antiguo o la tierra por excelencia de los turaníes; tal vez los mismos hombres a quienes llama la Biblia los pueblos de Gog y de Magog.

Es de advertir que algunos de los investigadores o fantaseadores de la más antigua historia del humano linaje, antes de esta división entre turaníes y arios, suponen todas estas razas mezcladas y viviendo aún más al Norte, en un país delicioso y ameno, más allá de las montañas Rifeas, montañas que podemos colocar donde se nos antoje. Las antiguas fábulas griegas hablan de estas montañas Rifeas y del hermoso país de los felices hiperbóreos, el cual estaba más allá del punto desde donde sopla el Bóreas, causa del frío, y, por consiguiente, era un país templado, fértil y de suavísimo clima.

Rodier supone a estos hiperbóreos, a quienes llama proto-scitas, esparciéndose ya por el mundo y colonizando la Europa, unos 25 o 26.000 años antes de la Era Cristiana. Los restos de las Edades de piedra y de Bronce, las poblaciones lacustres, los cráneos hallados en las cavernas, y a los que se atribuye una antigüedad portentosa, pueden creerse de estos proto-scitas, primitivos pobladores de Europa.

La geología y la paleontología han venido a prestar un auxilio poderoso a la arqueología y a la historia, a fin de afirmar la grande antigüedad del género humano. Con todo, si bien dichas ciencias prueban, en nuestro sentir, que esta antigüedad es grande, ni la fijan ni la determinan. La misma discordancia de opiniones entre los geólogos convida al escepticismo. Cierto es que todos convienen en que las armas de sílex y otros restos de la Edad de Piedra suponen millares de años; pero los cálculos varían mucho. Unos, como Bergman, dan a los objetos que han visto una antigüedad de 25.000 años; Lyell una antigüedad de 100.000; Bronn llega a suponer que tienen 158.000. Todos estos geólogos, y otros muchos, como Boucher de Perthes, Falconer y Prestwith, podrán acertar sin contradecirse, porque podrán ser distintos los objetos que han observado, y la Edad de Piedra no es sincrónica en todas las regiones del globo y entre todas las razas. La Edad de Piedra dura aún en algunas.

De todos modos, la geología y la paleontología se ligan hoy íntimamente con el estudio de la historia. La Historia

Universal, publicada en Francia, bajo la dirección del señor Duruy, por una sociedad de sabios, como allí suelen llamarse cándidamente a sí mismos los escritores, sin oponerse esto a que, en efecto, lo sean, va precedido de un tomo titulado La Tierra y el Hombre, obra del ilustre Alfredo Maury, miembro del Instituto. Puede calificarse esta obra de una verdadera pre-historia, y contiene la geología, la historia de nuestro globo antes de la aparición del hombre, su aparición, y la descripción de las diferentes razas humanas y de las lenguas y religiones. Esto manifiesta el enlace de dichas ciencias con la ciencia histórica. No se ha de negar, sin embargo, que la cronología de los geólogos es una, y la de los historiadores, en cierto modo, es otra.

Las armas de sílex, otros instrumentos y utensilios de una industria grosera, tal vez alguna imagen rudamente esculpida en un hueso o en una piedra, imagen de algún animal, como el Bos priscus, el Ursus spelæus o el Rhinoceros tichorinus herido por un arma, todo esto podrá demostrar la presencia del hombre en el período cuaternario, quizá al fin del terciario, en los terrenos llamados pliocenos, y dejar así abierto y despejado un inmenso espacio de tiempo de 40.000 o 50.000 años si se quiere, para que la historia pueda extenderse por él; pero la verdadera historia no empieza sino donde empieza el recuerdo de la palabra humana, cuyos documentos son la escritura, ya hieroglífica, ya cuneiforme, y a todo lo cual pueden añadir algunos indicios la filología comparativa y el estudio de las más antiguas religiones y mythos. Este último estudio tiene, sin embargo, el escollo de hacernos incurrir en un evhemerismo exagerado; esto es, de hacernos prestar una realidad y una consistencia históricas a lo que no fue acaso sino una mera alegoría o cuento fantástico naturalista, convirtiendo en reyes a los dioses y en sucesos de la tierra a los sucesos soñados en espacios imaginarios, celestes u olímpicos. Así, por ejemplo, Rodier convierte decidida y resueltamente en personajes reales, no solo a Osiris y a Thoth, sino también a los dioses egipcios más primitivos, como Phré y Phta, haciendo de esta suerte que comience la historia de Egipto más de 30.000 años antes de la Era Cristiana.

En efecto, la civilización egipcia parece ser la más antigua de la tierra; pero de ningún modo podemos creer que empiece en época tan distante. Y limitándonos nosotros a los Arios y a los demás pueblos del Asia central que estuvieron en relación con ellos desde el principio de la historia, diremos que ni Rawlinson, ni Layard, ni Duncker, ni Grimm, ni Max Müller, ni Lassen, ni Lenormand, ni Weber, ni ningún otro de los más eminentes historiadores, arqueólogos y filólogos orientalistas, dan mayor antigüedad a la literatura védica que unos dieciséis siglos antes de Cristo; a la primera dispersión de los arios, 3.000 años, y a sus sucesivas inmigraciones en Europa, de 2.000 a 1.000; todo lo cual puede, o casi puede, conciliarse con la cronología de la Biblia, larga y generosamente explicada. Dentro de este gran período de tiempo de 3.000 años, o, mejor dicho, de 2.500, terminando el período en el origen de la guerra médica, unos 500 años antes de Cristo, así como caben con holgura los sucesos históricos que refiere la Biblia, caben también todos los sucesos que las tradiciones orientales, los libros sagrados, como el Vendidad y el Desatir, las epopeyas, como el Ramayana, el Mahabarata y el Shad-nameh, y las inscripciones cuneiformes y demás antigüedades de la India, la Persia y el Asiria, refieren o indican con un carácter verdaderamente histórico, y que no son meramente un mytho o una alegoría.

Imaginemos o conjeturemos en época anterior un reino o imperio en el país primitivo de los arios antes de su división o cisma en iranienses e indios. Este país se llama Ariana-Vaega. Allí reinaron sucesivamente cinco dinastías de reyes. Los fundadores de estas dinastías, y aun algunos otros reyes, fueron santos, legisladores o profetas. Así, Mahabad, quien dicen haber sido el mismo Manú; así, Dji-Afrans, Cayumer y otros, hasta Djemschid, el Salomón de los persas, a quien los orientales han convertido en rey de los Genios.

Durante todo este período, los celtas, los primitivos germanos, los primitivos griegos o jaones y otros pueblos de raza japética, se van separando de los arios y emigrando hacia el Asia occidental y la Europa. Posteriormente, pero también dentro de este período, los indios y los iranienses se separan; y, por último, el país de Ariana-Vaega es abandonado, o por una inundación o diluvio, o porque se convierte en muy frío, y los iranienses fundan un imperio más al Sur, tal vez en la Bactriana y Aria antiguas, extendiéndose por la Patria y la Hircania, o sea en el Afganistán y el Corazán de ahora. Este nuevo imperio se llama Vara. Djemschid le funda, y otro Djemschid, o el mismo Djemschid, le pierde, porque los personajes mythicos o semi mythicos viven siglos y siglos. Zohac, caudillo árabe, le vence y destrona.

Supongamos, además, que este Zohac conquistase el reino de Djemschid, y le venciese, no 7.048 años antes de Cristo como pretende Rodier, sino unos 2.200 o 2.300 años antes de Cristo, como pretende Gobineau en su Historia de los persas, haciendo a Zohac contemporáneo de Nino, y equiparándole o confundiéndole con el Areo de los escritores clásicos. Apoyados ahora en estas suposiciones y en las fechas que señala Rodier con exactitud portentosa, fijemos en el año 2.284, en que fue el advenimiento de Nino, rey de Asiria, el principio de la historia que tiene ya algo de seguro.

Tengamos por inseguro y mythico cuanto ocurre antes, y concretémonos al período en que prevalece Asia sobre Europa; esto es, hasta la guerra médica, unos 500 años antes de Cristo. Nos queda, pues, un espacio histórico de cerca de 1.800 años, desde Nino hasta el primer Darío, dentro del cual se nos ha ocurrido ir escribiendo y colocando una serie de leyendas o novelas, en donde la imaginación o la inspiración, si Dios quiere enviarnosla, complete y aclare la historia, la cual, a pesar de los trabajos de Rawlinson, de Gobineau, del mismo Rodier y de otros muchos autores que ya hemos citado o que nos excusamos de citar, nos deja, como vulgarmente se dice, a media miel sobre los más famosos personajes y los más estrepitosos acontecimientos. No despreciaremos tampoco todo lo que se cuenta de edades anteriores a Nino, y aprovecharemos las tradiciones confusas, las epopeyas y las relaciones de los libros sagrados, para que los casos de esas edades anteriores a Nino sean como el fundamento y el antecedente de nuestras leyendas, y al mismo tiempo lo que crean y afirman sus héroes, cuando les hagamos entrar en agradables coloquios.

No se echen a temblar nuestros lectores juzgándose amenazados de una obra interminable. Sin duda, en mil ochocientos años caben novelas y leyendas infinitas; pero nosotros somos infecundos y perezosos, y más pecaremos por escribir pocas novelas o leyendas, para justificar este prólogo o introducción, que por escribir demasiadas. Todavía escribiremos menos si no gustan las primeras que escribamos. Por último, cada una de nuestras leyendas será breve de por sí, y no entraremos en las menudencias y prolijidades en que entran y caen los que escriben novelas de tiempos más cercanos a los nuestros, como de la Edad Media o aun de época más moderna, de los cuales tiempos nada se ignora, y aun la historia que no tiene el recurso de imaginar, va siendo ya harto prolija y algo pesada, contándonos hasta los ápices al parecer más insignificantes. Por esto precisamente, deseando dar vuelo y rienda suelta a nuestra fantasía, nos hemos refugiado en el antiguo Oriente. Barante, por ejemplo, ha llenado con la historia de seis duques de Borgoña más volumen de lectura que el que forman acaso todos los historiadores griegos y latinos que aún quedan, y donde se refieren los acontecimientos de miles de años, y el principio, crecimiento, decadencia y caída de una multitud de imperios, repúblicas y monarquías. Si Barante, limitándose a lo histórico, escribe tanto sobre seis duques de Borgoña, ¿adónde iríamos a parar, si sobre lo histórico quisiésemos recamar, bordar y completar con la fantasía? Por esto, repetimos, nos vamos al antiguo Oriente. Allí donde la ciencia no llega, es donde la imaginación y la poesía deben volar.

Otra razón nos impulsa también a escribir estas leyendas. Deseamos divulgar un poco la literatura oriental antigua y empezar a emplearla en nuestra moderna literatura española. En Francia y en Inglaterra y en Alemania, el renacimiento oriental, de que hemos hablado, deja, tiempo ha, sentir su influjo en el arte y en la poesía. En España aún no se nota nada de esto.

En Alemania, el Mahabarata, el Ramayana, el Shah-na-meh, los Vedas, o han sido traducidos en verso, o han inspirado ya bellas poesías. En Francia, desde los lindos cuentos de Voltaire, el antiguo Oriente ha dado asunto feliz a muy amenas narraciones. ¿Por qué hoy, que se conoce mejor el antiguo Oriente, no hemos de aspirar a algo semejante en España? Se me contestará que carecemos del ingenio de Voltaire, y que El toro blanco, Zadig y La Princesa de Babilonia, son inimitables. Procuraremos, con todo, aproximarnos a esos modelos. De tiempos antiguos se han escrito en Francia últimamente muy primorosas novelas, como La Momia y La Corte de Merodac-Baladan, de Teófilo Gauthier y Calirhoe, de Mauricio Sand. Sirvanos esto de estímulo.

De Grecia y Roma, mientras duró el impulso que imprimió el Renacimiento clásico en la moderna literatura, se escribieron novelas, poesías y leyendas, algunas muy eruditas, agradables y celebradas, como los Viajes de Antenor y los Viajes de Anacarsis. Algo parecido pudiera con general aplauso escribirse del antiguo Irán, de Asiria, de Babilonia, de Media o de Persia. Pero no presumimos de ser capaces de tanto. Nuestro propósito es escribir una obra de mera imaginación sobre el fundamento de un escasísimo saber, que solo es necesario para que sirva como de pauta y cañamazo a nuestros fantásticos bordados. Tal vez, si en algo acertamos, se animen otros a escribir con más tino, discreción y conocimiento del asunto.

Este, no solo es vasto, sino seductor y apetitoso. La rapidez con que en los libros sagrados y antiguos poemas aparecen ciertos personajes, y se fijan en nuestra mente de un modo indeleble, como si los hubiésemos conocido y tratado, y luego se pierden y se desvanecen, sin que se sepa más de ellos, induce y solicita a buscarlos con la fantasía y hasta en sueños, a fin de completar y acabar la historia de su vida.

Sin citar, para ejemplo, más que a algunos personajes de la Biblia, por ser más conocidos de todos, ¿quién no siente curiosidad de saber cómo se llamaba la mujer de Putifar y qué fue de su vida después de aquella terrible pasión y de aquel cruelísimo desaire que recibió de Josef el Casto? ¿Pues, y la Reina Vastí? ¡Apenas si interesa la Reina Vastí! ¿Qué fue de ella, después que la repudió el Rey Asuero, por demasiado pudorosa; por no querer presentarse a lucir su hermosura, delante de todos aquellos Príncipes y Sátrapas borrachos y libertinos, que su marido, borracho también, tenía congregados en su gran palacio de Susa? Del Rey Asuero nadie ignora que, después de repudiada Vastí, hacer reunir de todas las provincias del Imperio las más gallardas doncellas, las cuales van entrando una a una en su cámara, no sin pasar antes un año en lavatorios, sahumerios, unciones con bálsamos y pomadas y otros cien mil preparativos para que estuviesen bien adobadas y lustrosas, y de todas estas doncellas, previo un examen profundo, elige por reina a Ester: pero de la pobre Vastí, nadie vuelve a acordarse. Díganme si no es este un asunto para una novela sentimental, que mejor pudiera llamarse lastimosa, si no temiésemos el equívoco. Más bello asunto sería aún, si cabe, el de los amores de Salomón con la discreta y bella Reina de Sabá, que vino a verle con tanta comitiva y séquito, que le propuso tanta pregunta difícil, y que tan enajenada quedó de la sabiduría de Salomón y de la magnificencia y esplendor de su corte. Como todo esto solo está indicado y dicho en brevísimas palabras en la Biblia, se siente un vivísimo deseo, al menos nosotros le sentimos, de acudir a las inscripciones y a las traducciones, o de pedir a Dios segunda vista histórica para adivinar los pormenores que faltan, empezando por el nombre propio de la Reina de Sabá, y para escribir las relaciones que tuvo con el hijo de David, y demás casos ocurridos entonces. Lo propio que decimos de los personajes bíblicos, puede decirse con no menos razón de los personajes que figuran en las historias y poemas arios. Mucho nos han interesado hasta aquí Agamenón, Ulises, Aquiles, Temístocles y Epaminondas: mucho nos han encantado los poetas griegos, pero más nos interesan hoy los personajes arios, y más los cantos de las Vedas. Se diría que por el espíritu están más cerca de nosotros. Los vemos tan bien y tan íntimamente, que se siente uno inclinado a creer en la metempsícosis y a recordar la vida que tuvo en Ariana-Vaega, o en los tiempos de Djemschid o de Feridum. Agni, Indra o Aura-Mazda, nos parecen más divinos que Vulcano, Júpiter o Saturno. Todo el desenvolvimiento ulterior de la civilización moderna europea se nos presenta como en germen en aquella primera civilización oriental. No se extrañe, pues, que hayamos elegido este asunto de las leyendas del antiguo Oriente, ni se tilde de difusa la introducción. Antes bien, se nos quedan no pocas cosas por decir: pero todo lo que aún queda irá saliendo en las leyendas, las cuales aparecerán poco a poco en esta Revista de España, y más tarde, si Dios nos da salud y el público no nos desdeña, formarán dos o tres volúmenes separados, quizá de nada ingrata lectura. Bueno es que España contribuya también, aunque sea pobre y modestamente, ya que no a lo que hemos llamado y debe llamarse Renacimiento oriental, al influjo de este renacimiento en la literatura y en la poesía de la moderna Europa.

Vamos a retroceder con el espíritu hasta las edades primeras de la humanidad, que la historia ilumina algo con sus fulgores, y vamos a pintar, sin embargo, portentosas civilizaciones y a presentar personajes, no inferiores en nada, tal vez superiores a los del día. Ya hemos explicado cómo comprendemos el progreso. Le comprendemos por el caudal acumulado por herencia y por la difusión y divulgación del saber y de la moralidad en mayor número de personas, familias, tribus y naciones. Mas creemos asimismo que, para que el progreso se realizase, las razas civilizadoras, y singularmente los Arios, desde el principio y más que nunca en el principio, debieron estar y sin duda estuvieron dotados de extraordinarias facultades y de una poderosa iniciativa; prendas que habían de resplandecer más en ellos, mientras permanecieron en toda su pureza y no se mezclaron con otras castas plebeyas e impuras. Pero el mezclarse con estas castas, el no despreciarlas, el bajar un poco hasta su nivel para elevarlas hasta ellos, y el amalgamárselas para fundar la humanidad una, era su misión providencial, era su salvación y su destino. Los que faltaron a esta misión, degradando y envileciendo cada vez más a las castas o razas inferiores, acabaron por envilecerse y degradarse ellos mismos. Los que hicieron lo contrario realizaron el progreso. El sacerdote egipcio se ha confundido con el felah, y el bramín con el sudra, mientras que el último hombre de nuestros pueblos de Europa se ha elevado.

Lulú, princesa de Zabulistán

I

Mucho se ha cavilado y discutido siempre sobre la antigua civilización de los escitas, y aun sobre la casta de hombres que los escitas eran. Unos escritores se los imaginaban como un pueblo japético, y otros veían en ellos a los progenitores de los tártaros del día. Con los progresos etnográficos no cabe ya duda en que todo lo que hoy se llama Tartaria y Siberia, estuvo en las edades más remotas habitado por razas tártaras y mongolas; pero también hubo allí tribus blancas, tal vez de pelo rubio y ojos azules, de donde proceden los pueblos más nobles e ilustres de Europa, o que han venido a establecerse en Europa en sucesivas emigraciones.

Estos escitas blancos descendían de los primitivos arios, como los celtas, los griegos y los latinos, los cuales se habían separado del tronco común en épocas más o menos lejanas. Los Imperios fundados en toda la zona central del Asia, los chinos, los persas, los asirios, los lidios y los medos, ofrecían desde muy antiguo una barrera difícil de romper a las invasiones de aquellos pueblos del Norte. Cuando éstos pudieron romper la barrera, penetraron en el Asia Central y bajaron por el Sur hasta la India; pero, cuando la barrera les presentaba un obstáculo invencible, y ellos, por exceso de población, o bien huyendo de los fríos boreales, se proponían abandonar el terreno de la Escitia, tuvieron que caminar hacia el Occidente, y vinieron a establecerse en Europa. Así nos explicamos la historia primera del gran continente del Asia, del cual forma Europa como una pequeña prolongación occidental.

Hasta los tiempos de Ciro el Grande, los Imperios de Persia o de Media, esto es, el antiguo Irán, no fueron bastantes poderosos para contener las invasiones de los escitas blancos, los cuales entraron por la Persia y se extendieron hasta la India. Ciro, al reconstituir sobre más sólidas y anchas bases el Imperio del Irán, hizo casi inexpugnable, o al menos difícil de romper la barrera que atajaba el paso de los escitas hacia el Sur del Asia, y esto los contuvo en el Norte o los fue impulsando pausadamente hacia el ocaso.

Es indudable para mí que la mayor parte de las invasiones han sido motivadas por una violenta e imperiosa necesidad. Los pueblos, por nómadas que sean, siempre tienen algún amor a la patria, algún apego al suelo que los vio nacer, y no le abandonan sino por causas poderosas. Quizás el mayor movimiento invasor de los pueblos de Asia en Europa, movimiento que determina una de las crisis más transcendentales en la historia, y que marca una era en la vida de la humanidad, ladeando el curso de la civilización y abriéndole nuevo cauce, tuvo su primer origen en China.

Sabido es que los chinos han cumplido mucho antes que nosotros todo el progreso de su cultura, y han venido a pararse y a inmovilizarse luego. Ya un escritor americano del día, el señor Draper, augura para la Europa suerte o destino semejante. Según él, llegará un día, no muy lejano, en que, recorrida toda la extensión de nuestra cultura posible, hasta tocar el límite de lo ideal que cabía en nuestros cerebros, o que era capaz de concebir nuestra mente, nos quedaremos inmóviles, con el ideal realizado, o sin ideal, que es lo mismo. Entonces seremos como los chinos, un pueblo o una confederación de pueblos, muy bien ordenados, pero sin brío y sin iniciativa. Resueltos todos los problemas de la vida, acabadas o satisfechas todas las esperanzas, nada quedará que nos impulse. Mucho dudo yo de que pueda llegar jamás esta situación. El audaz linaje de Japet, esta gente europea está dotada de una fuerza de aspiración interminable, y de una virtud creadora en la fantasía, superior y posterior a toda ciencia y a todo arte y a toda mejora. Siempre, creo, habrá en nosotros ímpetu para salvar con la imaginación todos los espacios explorados y todos los caminos trillados, y para ir a plantar, mucho más allá, la columna de fuego de un nuevo ideal que nos sirva de guía y nos excite a caminar sin reposo en un progreso infinito, o, si se quiere, indefinido. Aun en los mismos chinos, así como en otros pueblos del Asia, ¿quién sabe si será reposo o sueño lo que se nos antoja paralización eterna? ¿Quién sabe, si a la voz de un profeta, de un vate, de un avatar, de un dios nuevo, no despertarán esos pueblos? Entonces si que podría cambiar por completo el eje de la civilización del mundo y turbarse todo el equilibrio de las sociedades y de las naciones. La agitación, las mudanzas radicales que esto pudiera traer sí que serían extraordinarias. La guerra actual entre Francia y Alemania, con todas sus consecuencias posibles, y hasta una guerra general en Europa, no serían nada en comparación de lo que ocurriría si los chinos o los indios, en número de cuatrocientos o quinientos millones de hombres, se sintiesen de pronto inflamados por un nuevo ideal, y con espíritu guerrero cayesen sobre nosotros. Nuestros cañones, ametralladoras y fusiles de aguja de nada nos servirían. Ellos los tendrían pronto tan buenos o mejores que los nuestros.

Sea de esto lo que sea, parece cierto que, allá en el siglo III o IV después de Cristo, hubo en China una espantosa e inmensa revolución, motivada por el desarrollo del bienestar material de la población y de la riqueza. Lo que llamamos socialismo se manifestó de un modo horrible. Los más bravos, viciosos y audaces entre las clases menesterosas de aquella ingente población, se sublevaron contra los ricos y los dichosos del mundo. Siguióse una tremenda guerra civil y social. Dieronse batallas titánicas en que los hombres murieron a millares y la sangre corrió a torrentes. La sociedad, el orden establecido, la propiedad, triunfó al cabo, y los rebeldes más feroces, acosados por los ejércitos del Imperio y por los hombres de las clases acomodadas, que habían tomado las armas en vista del gran peligro, huyeron hacia el Norte y traspasaron la frontera del Imperio, penetrando en la Siberia o Tartaria. Esas gentes levantiscas, siendo de la ralea más baja, llevaron consigo al emigrar muy poco de la riqueza acumulada, del capital social que se llama ciencia. Por esto mismo les fue más fácil unirse con tribus tártaras errantes, y de la mezcla provino en breve un pueblo rudo y guerrero. Movido este pueblo en busca de terrenos más fértiles y de clima más suave, y no pudiendo o no atreviéndose a ir hacia el Sur por el valladar que entonces les oponía el Imperio de los Sasánidas, siguió hacia Occidente y fue impulsando por delante de sí a todas las tribus y naciones arianas de la Escitia, las cuales se hallaban escalonadas en la parte boreal del Asia y aun se extendían por mucha parte de Europa, sobre todo, en las regiones de Oriente.

Explicado así, como parece que satisfactoriamente se explica, el movimiento inicial de la más conocida invasión de los bárbaros y de la caída de Roma, es claro que los pueblos de la Europa moderna tenemos muchísimo que agradecer a los persas, y a Ciro sobre todo; porque si los escitas blancos no hubieran sido contenidos por el valladar que Ciro afirmó e hizo casi inexpugnable, los pueblos de raza tártara hubieran caído sobre Europa sin que los escitas blancos se interpusiesen. Así, en vez de ser casi todos los pueblos de nuestro continente de raza ariana, en lugar de haber venido a mezclarse con los habitadores del orbe latino otros pueblos, arios también, y que habían conservado en el Norte su prístina pureza y estaban más cerca del tronco común, hubieran venido a conquistarnos y a manchar y alterar la limpieza de nuestra sangre los hunos, abominablemente feos y mucho menos inteligentes y civilizables.

Sostienen los fisiólogos, que los pueblos tártaros y mongoles tienen el cráneo más duro y menos flexible que los arios, y que dicho cráneo no cede ni se dilata como los nuestros para dar lugar al desenvolvimiento del seso o meollo; por donde se ha de presumir que, si tenemos tanto meollo los europeos y si nuestra civilización se ha elevado a tanta altura, se lo debemos a Ciro, gran Rey de Persia, que tuvo a raya a los escitas blancos. Si éstos hubieran invadido la Persia y la India y otras comarcas o regiones del Asia, quizás la gran civilización estaría ahora por allí. Es innegable, además, que los pueblos neo-latinos, a pesar de nuestra nobilísima estirpe, nos hubiéramos tenido que cruzar con los tártaros, chatos, de ojos oblicuos, de gruesos labios y pómulos salientes, y de este desigual y plebeyo cruzamiento hubieran salido unos mestizos feos de veras, y no las naciones ilustres, hermosas y sabias que encierra en sí la Europa.

Pero, dejando esto aparte, pues no es mi ánimo hablar de tiempos tan recientes como los de la caída del imperio romano y fundación de las nacionalidades europeas, tales como son hoy, diré que desde época remotísima, o bien por efecto de un período glacial de que hablan muchos geólogos, o bien por otro cataclismo, los arios, que debían vivir en un país bastante al Norte, quizás mucho más al Norte que el lugar que por lo común se les da por cuna, a la falda del Paropamiso, tuvieron que separarse y emigrar. Se dice que los hielos del Polo Norte se derritieron, quizás por efecto de haber tomado la tierra la inclinación que hoy tiene, abriéndose el ángulo que forman los ejes del Ecuador y de la Eclíptica que antes se confundían y eran un solo eje. Con tan espantosa dislocación, hubo de haber por fuerza un sacudimiento atroz en la corteza sólida de nuestro globo, que haría reventar no pocos volcanes; un diluvio punto menos que universal, y, por último, unos fríos tremebundos.

Por este motivo, y en Era muy distante de nosotros, esto es, 24.000 años antes de la Era Cristiana, según Rodier y otros audaces cronologistas, fue la primera dispersión de los arios. Nosotros, en la introducción a estas leyendas, hemos mostrado ya un escepticismo prudente acerca de este punto. No negamos ni afirmamos nada: hacemos una distinción. A los geólogos prehistóricos no les negamos sus descubrimientos. Queremos conceder que sus armas y utensilios de piedra, sus fósiles y sus poblaciones lacustres, puedan tener acaso mayor antigüedad que los indicados 24.000 años; pero, históricamente, poco o nada se sabe ni puede afirmarse sobre los primeros 21.000. No es negar que hubiese historia tres mil años antes de Cristo: es afirmar que esta historia se ha perdido en muchos países, y que en otros se halla tan desfigurada por las fábulas, que es imposible distinguir el cielo de la tierra, los reyes de los dioses, los vanos ensueños poéticos de la fantasía de la maciza y tangible realidad de las cosas. Sin duda, muchos grandes diluvios sucesivos, aunque parciales, bastante grandes para destruir casi por completo naciones y razas enteras, destruyeron también los anales, si ya los había, o borraron o confundieron en la memoria de los hombres los hechos de sus antepasados.

Si no estoy trascordado, el primero que explicó el diluvio universal, dándole por causa la fusión de los hielos del Polo Norte, fue Bernardino Saint-Pierre, el cual escribía preciosas novelas de ciencias naturales, harto más bonitas que las de Julio Verne en el día. Posteriormente se ha inventado la periodicidad de los grandes diluvios, y el Polo Sur alterna con el Polo Norte en el oficio de causarlos. Ya hemos dicho que 24.000 años antes de Cristo fue el Polo Norte quien causó un diluvio. En el reinado de un rey indio, llamado Satyaurata, parece que hubo otro diluvio causado por los hielos del Polo Sur. Este diluvio, dicen algunos sabios, que fue el que anegó a casi todos los hijos de Sem, menos a los que se refugiaron en los montes de Armenia; en suma, fue el diluvio de Noé, referido en la Biblia. Todavía, por último, unos 2.400 o 2.300 años antes de Cristo, como quien dice ayer de mañana, para quien da tan estupenda antigüedad a nuestra especie, se imagina otro gran diluvio que acabó con casi todos los griegos, y que también se recuerda en China, bajo el nombre de diluvio de Yao. Al Polo Norte le tocó hacer el papel de promovedor de este diluvio, el cual hundió la Atlántida y sepultó bajo las arenas y piedras que trajeron consigo las aguas impetuosas, los utensilios, armas y habitaciones, y los cuerpos mismos de los primitivos pobladores de Europa, de los hombres de la Edad de Piedra, que hoy los sabios están sacando a relucir.

De todo esto se deduce, a mi ver, que poco o nada se sabe de los principios de nuestra especie, y que apenas hay ciencia más oscura y contradictoria que la cronología de las primeras edades del mundo. En cuanto a los diluvios, fuerza es creer que ha habido uno universal, ya que así lo afirman nuestras Sagradas Escrituras; pero podemos poner en duda esos enormes diluvios parciales causados por los hielos del uno o del otro polo en ciertos períodos.

Tal vez basten las fuerzas permanentes de las aguas y de los volcanes en la larga serie de siglos, según la teoría de Lyell, para cortar istmos y abrir estrechos, allanar valles y aupar montañas, cambiar la posición de los continentes y de las islas, y transformar la tierra en mar y la mar en tierra.

La idea de Adhemar, que fue el inventor de los diluvios periódicos, parece una renovación de la Kalpa o del día y la noche de Brahma, que duraba 432 millones de años, o del año grande de los egipcios y de Orfeo; solo que en vez de durar este período por lo menos 120.000 años, dura 21.000, según Adhemar. Este año grande, de los dichos 21.000 años, tuvo su verano máximo para nuestro hemisferio boreal, en 1248, reinando San Fernando en Castilla. Desde entonces los veranos de todos los años van menguando y van creciendo los inviernos, hasta que llegue el año de 6498 de Cristo, en el cual los veranos y los inviernos serán exactamente iguales en ambos hemisferios. A lo que parece, en los momentos de esta igualdad está el grave peligro. Los hielos que se han ido amontonando en el Polo Sur, durante el largo invierno de 10.500 años, que por allá hay, se derretirán, buscando el equilibrio, y habrá un nuevo diluvio que tal vez destruya casi todo el humano linaje. En suma, y sin entrar en reconditeces astronómicas, cada 10.500 años hay o debe haber un diluvio, que se va preparando lentamente con la aglomeración de los hielos, ya en un Polo, ya en otro, a causa del mayor frío que hace alternativamente, ora en el hemisferio austral, ora en el boreal. Como el nuevo diluvio está anunciado para el año 6498, es claro, como la luz del día, según Adhemar, que el diluvio próximo pasado ocurrió en el año de 4002 antes del nacimiento de Cristo. Se conoce que Adhemar no ha querido disgustar al padre Petavio, y su último diluvio coincide sobre cien años más o menos, con el de Noé.

Dirán algunos lectores que estos apuntes cronológicos son un extraño principio de novela; pero yo les pido perdón y me disculpo asegurando que no es dable empezar de otro modo.

La novela es un poema prosaico; una epopeya sin poesía o con poca poesía; y aunque en la novela entre por mucho la invención, o si se quiere la inspiración, conviene que esta invención o esta inspiración tenga algún fundamento, y no se quede en el aire. Pongamos por caso el rapto de Sita por el tremendo rey de los raksasas, Ravana; la alianza de Rama con los valerosos e ilustres monos, y con Sugriva, su poderoso monarca, los cuales tan enérgicamente le auxiliaron; su expedición a Ceilán, y el sitio y conquista de Lanka, capital de aquella isla, con todos los portentos que allí ocurrieron. Estos acontecimientos, en lo antiguo, podían referirse de un modo épico, sin indicar la fecha, ni siquiera próximamente. Hoy día es preciso marcar una fecha, créanla o no la crean los lectores. Si yo tuviera que contar los hechos de Rama, tendría que apelar a los críticos y cronologistas para fijar el tiempo en que sucedieron, y he de confesar que me vería apuradísimo. Unos me dirían que 5.500 años antes de Cristo; otros que mucho después. Lo mismo ocurriría con casi todos los sucesos de la India antigua. La vida de Krishna, por ejemplo, algunos la ponen 3.000 años antes de Cristo; otros, como Bentley, hacen a Krishna tan moderno, que ponen su nacimiento con exactitud maravillosa (en virtud del horóscopo o aspecto del cielo, cuando nació el Dios), el día 7 de agosto del año 600 de nuestra Era. Quien supone que la leyenda de Krishna ha servido de modelo a la historia de nuestro Divino Redentor; quien no ve en la leyenda de Krishna sino una invención de los brahmanes, un remedo de la vida de Jesucristo, interpolando en los antiguos libros y poemas de la India, con el propósito de hacer ineficaces todas las predicaciones de nuestros misioneros.

Por lo expuesto se notará que sobre la dificultad inherente a la cronología de los tiempos antiguos, está la mayor dificultad que ha creado la pasión religiosa. Los amigos del Cristianismo, para conciliarlo todo con la corta edad que la Biblia concede al mundo, propenden a negar antigüedad a todo; y los enemigos del Cristianismo, con menos crítica a veces, dan a ciertos sucesos y a ciertas civilizaciones, una antigüedad portentosa. En la opinión de cada sabio entra, además, por mucho, en no pocos casos, una ciega y decidida predilección por un pueblo y por una cultura, objeto de sus estudios favoritos. Tal sabio, como Beauregard, hace que todo proceda de Egipto: leyes, religiones, artes y ciencias; tal otro, como Jacolliot, que todo nazca de la India. De aquí también proceden en parte las divergencias en punto a cronología.

En fin, a pesar de estas divergencias, yo tengo que fijar algo, antes de empezar esta primera leyenda. Si carezco de la ventaja de ser sabio, el no serlo lleva también una ventaja. Como no he hecho estudios favoritos de nada, nada es objeto de mi particular afición. Lo mismo interesan los chinos que los egipcios; no quiero más a los indios que a los persas. No adularé yo la verdad ni trocaré las fechas por amor a ninguna tribu, nación o raza, ni por afecto a ningún gran legislador, profeta, semidiós o dios antediluviano.

Empecemos, pues, por creer en el diluvio universal y no parcial, único y no periódico, y ocurrido en el mismo año en que, de acuerdo con el padre Petavio, le coloca nuestra Guía de Forasteros. Una vez sentado y admitido esto, pongamos aparte a los chinos, que tendrán que intervenir muy poco en nuestras leyendas. Los demás pueblos, estirando algo la cronología bíblica, y condensando algo sus revoluciones, adelantamientos y desarrollos de cultura, caben todos dentro de los cuatro mil años que van desde el Diluvio hasta nuestra Era. Tal vez los egipcios, con sus innumerables dinastías, se resistan a entrar en tan breve espacio de tiempo;

pero haremos oídos sordos contra sus clamores y protestas, y prescindiremos de los períodos de Phta y de Phré, y de los reinados de Osiris y de Horus, evidentemente mitológicos. Supongamos a Menes primer rey de Egipto, y aunque le supongamos lo más cerca que se pueda del Diluvio universal, siempre habremos de imaginar que muchas de las quince o dieciséis dinastías, que se cuentan desde entonces hasta el momento en que va a empezar nuestra primera leyenda, fueron simultáneas. Cuando nuestra historia empieza, el Egipto estaba mucho tiempo hacía bajo la dominación de los árabes o hicsos. Uno de sus reyes, llamado Apofis, es quien había tenido aquellos sueños que interpretó el casto José, y quien le nombró luego su primer ministro.

Un sucesor de Apofis, por nombre Janías, reinaba en Egipto en el momento en que va a empezar nuestro relato. La capital de su reino era Sais. Los reyes indígenas, después de haber ido palmo a palmo haciendo la reconquista, habían logrado dar a su reino una gran extensión, y tenían por capital de él la magnífica ciudad de Tebas, Of o Dióspolis magna, que por todos estos nombres es conocida. El rey o Faraón, que por entonces reinaba en Tebas, se llamaba Temuz; grande y terrible personaje, algo parecido a un don Juan el Conquistador entre los egipcios.

En la India había decaído el inmenso poder de los reyes de Ayodia. Los sucesores de Isvakú y de Rama el divino, dominador de los raksasas, protector de los monos multiformes y sabios y destructor de Lanka, capital de Ceilán, habían venido muy a menos. Entretanto, la casa real de los Chandras o hijos de la Luna se había elevado mucho, y el soberano reinante de esta dinastía había tomado el título de Maharadjad o Gran Rey. La terrible guerra de Mahabarat no había estallado aún.

Sobre Asiria y Caldea se nos ofrecen algunas dificultades que importa allanar para la mejor inteligencia de esta notable leyenda y de las sucesivas. Sabido es que Botta, Layard, ambos Rawlinson, Oppert y otros doctos arqueólogos, han excavado en las ruinas de Nínive, de Nimrod, de Persépolis, de Corsabad y de otras antiguas ciudades; han desenterrado prodigiosos monumentos; los han descrito; los han explicado, y hasta han leído no pocas inscripciones cuneiformes, poniendo en claro su sentido. Confrontando después estos datos con los suministrados por la Biblia, Herodoto, Ctesias y Beroso han rehecho y esclarecido en extremo la historia de los caldeos, asirios y babilonios. Merced a tan raros trabajos, la historia, las leyes, los usos y costumbres, la cronología, la vida, en suma, de los grandes imperios semíticos de las orillas del Tigris y del Eúfrates, son tan bien o mejor conocidos que los de algunos pueblos de la Edad Media en Europa, sobre todo desde la famosa Era llamada de Nabonasar, año de 747 antes de Cristo, unos seis o siete años después de la fundación de Roma. Lo que es ya desde el reinado de Senaquerib, en 686, la cronología no puede ser más exacta. Los mismos objetos de entonces, descubiertos por infatigables anticuarios, nos alucinan hasta el punto de imaginar que tocamos con la mano y vemos con nuestros ojos mortales la civilización de aquel siglo. Aquí, en Madrid, en nuestros bailes y fiestas, hemos contemplado al cuello de una ilustre dama, entre otros cilindros ninivitas y babilónicos, el sello real de Asar-Addon, conquistador de Babilonia, hijo de Senaquerib y padre de Nabucodonosor I.

Las dificultades y dudas en la historia de Caldea y de Asiria ocurren mucho antes. Sin embargo, todos los sabios convienen ya, gracias a Dios, en lo más esencial. De esperar es, asimismo, que no pocas dudas y divergencias que quedan lleguen con el tiempo a resolverse. Rawlinson dice que, de vez en cuando, es menester rehacer o componer de nuevo la historia de los antiguos imperios del Asia. Recientes descubrimientos la modifican y aclaran cada vez más. Debe, pues, conjeturarse que, no bien se escriban, con el andar de los tiempos y el progreso de la ciencia, tres o cuatro historias tan magistrales como la suya, vendremos a saber a punto fijo lo que ocurría a orillas del Eúfrates veinticinco o treinta siglos antes de Cristo, como se sabe ya lo que ocurría seis o siete siglos antes. En el ínterin, el historiador, grave y concienzudo, tiene que limitarse a rastrear por indicios, en medio de mil vacilaciones, ciertos sucesos capitalísimos, dejando entre ellos inmensas oscuridades o lagunas por iluminar o por llenar. El poeta o el novelista, que es un poeta en prosa, es el único que por hoy puede llenarlas, gracias a una inspiración semidivina en que deben creer sus lectores. Algo, con todo, puede ya fijarse como fundamento, casi con prueba plena.

Los autores están acordes en suponer o sospechar un Imperio de Asiria anterior a Nemrod.

Nemrod vino por mar; pertenecía a la raza cusita o etiópica; venció a los asirios y fundó un nuevo Imperio en el Sur de Mesopotamia, cuya capital fue Ur, a orillas del Eúfrates.

Asur se retiró al Norte con los asirios que no se sometieron al yugo de los cusitas o caldeos.

El Imperio de Nemrod, o la antigua Caldea, se llamó también Imperio de las Cuatro Razas. Aquel fuerte cazador delante del Señor tuvo por súbditos a cusitas, arios, semitas y turaníes, esto es, a gentes de las razas amarilla, blanca y negra. El pueblo dominante fue el cusita o etiópico.

De la dinastía de Nemrod se citan con certeza otros dos nombres de reyes, a saber: Urukh e Ilki, de cuyos colosales alcázares y torres aun se descubren vestigios.

A lo que parece, el Imperio de Nemrod hacia el año de 2.400 antes de Cristo, se desmembró y fraccionó en varios reinos, hasta que, un siglo después, un rey llamado Kudur-Lagomer o Codorlahomor, y yo tengo para mí que era de raza ariana, hizo tributarios a otros muchos reyes y restableció el Imperio, por breve tiempo.

Nadie ignora que este Codorlahomor fue contemporáneo de Abraham. Los semitas iban ya recobrando su antigua preponderancia sobre las demás razas. En Arabia venciendo previamente a los cusitas, que allí predominaron, habían fundado un reino muy fuerte y guerrero, cuyo centro era el Yemen y el Hadramaut. Contaban aquellos reyes árabes por antecesores a Jeetan, Sabá y Homeir, por lo cual las tribus que les estaban sujetas se solían apellidar los jectanidas o los homeiritas.

Por último, en el tiempo en que empieza nuestra primera leyenda, reinaba en Arabia un descendiente de Homeir. llamado Aret-el-Rech, a quien algunos historiadores clásicos llaman Areo. Aliado este Areo con Nino, tercero o cuarto sucesor de Asur, venció a los cusitas; y así vino a fundarse la gran monarquía asiria de Nino. Con el auxilio de Aret-el-Rech, Nino se enseñoreó de todo el Asia central.

Llega ahora el punto más dificultoso y de mayores dudas: la primitiva historia del Irán. El mismo Rawlinson no se atreve a retroceder con paso seguro en esta historia sino hasta 600 o 700 años antes de Cristo para los medos, y para los persas hasta el reinado de Ciro o poco antes; esto es, que empieza casi donde nosotros vamos a concluir las leyendas. Mas no es esto decir que nos hayamos engañado en las edades plenamente fabulosas. Historiadores, aunque sabios y prudentes, menos tímidos que Rawlinson, hallan verdad histórica en los sucesos de Irán bastantes siglos antes de Ciro, y algunos reconstruyen una historia del Irán que empieza antes de la separación de los indios y de los iranienses, cuando ambos pueblos formaban uno solo; los arios, que entonaban juntos los himnos religiosos del Rig-Veda en la primitiva región de Ariana-Vaega. Todos los hechos de esta larga historia iraniense, anterior a Ciro, están sacados de antiguas tradiciones conservadas por los güebros ya en libros sagrados, ya oralmente, y recogidas muchas por los poetas épicos del tiempo de los soberanos musulmanes de Gasma. Entre todos estos poetas épicos, descuella Firdusi, el Paradisaico. Su obra se titula Shah-Nameh o Libro de los Reyes. A imitación y como continuación del Shah-Nameh se escribieron después otras epopeyas, otros Namehs o Libros, que hacen del ciclo épico del Irán uno de los más ricos y fecundos. Hay el Gerschap-Nameh, el Borsu-Nameh, el Djusganhir-Nameh, el Feramur-Nameh, el Banu-Guyasp-Nameh, el Bahaman-Nameh y otros muchos que sería prolijo ir mentando. Los soberanos, los príncipes y los héroes del Irán son cantados extensa y lindamente en estos poemas. Sobresale entre todos Rustán, como en el ciclo épico carlovingio sobresale Roldán, y el Cid en nuestra magnífica epopeya de las guerras entre moros y cristianos, durante los siglos medios. La cuestión está en decidir si todos estos cantos populares tienen más valor histórico que los libros de caballerías; si los Rustanes, Feramures y Barsúes son tan fantásticos como los Amadises, Esplandianes y Lisuartes: o si los Namehs, con las hazañas y guerras que refieren se fundan al menos, como la Ilíada y la Odisea y las obras de otros homéridas, hasta Juan Tzetzas y Colutho, en casos reales y verdaderos, si bien abultados por la tradición y por la fantasía del vulgo. Yo me inclino a creer que, despojados de lo sobrenatural, los sucesos referidos por Firdusi y otros épicos de Persia pertenecen a la historia. Los historiadores orientales, como Kondemir y Mircondo, refieren también muchos de dichos sucesos, y, si bien Klaproth les niega toda autoridad, hoy, en el estado actual de la ciencia, no es lícito ser tan escéptico. Los libros sagrados zendos, como el Vendidad y el Desatir, confirman lo que cuentan las historias y poemas posteriores al Islán. Estas historias estaban además basadas sobre tradiciones muy fidedignas y sobre documentos y monumentos antiquísimos. No pocos de los autores, como Firdusi, el más glorioso de todos, eran dehkanes, esto es, antiguos nobles del Irán, hidalgos por decirlo así, de muy ilustre casa, cuyas genealogías debieron guardarse.

En suma, yo creo que muchas de las historias del Irán, antes de Ciro, deben tenerse por ciertas y algunas por probables y verosímiles.

En este supuesto, diré que el Mahabad de los persas parece ser el mismo Manú de los Indios, un legislador mítico primitivo. Otro profeta iraniense, llamado Dji-Afram, simboliza el período histórico del cisma o separación de indios y persas. El Ariana-Vaega, con sus reyes Cayumors, Ferval, Siamek y otros, solo prueba que hubo una sociedad primitiva, en la cual formaron un solo pueblo los indios, los iranienses y los escitas blancos.

Después de la separación, los iranienses, conducidos por Djenschid, emigraron y fundaron el reino o Imperio de Vara, cuya capital fue Raga. Un conquistador llamado Zohac destruyó el Imperio de Vara y vino a reinar sobre los iranienses. En el reinado de Zohac empieza nuestra primera leyenda. Pero, ¿quién fue este Zohac y en qué siglo vivía? A mi ver, Zohac era semita, era el propio Aret-el-Rech, o más bien un sobrino y lugarteniente de aquel famoso rey del Yemen, aliado de Nino. En esto me aparto de la opinión de Rodier, quien hace a Zohac cusita y supone que reinó siete mil años antes de Cristo; pero tengo a mi lado a Gobineau en su Historia de los Persas, quien hace que viva y reine Zohac en la época más reciente de Nino, rey de Asiria.

Finalmente, reinaba por entonces en la Escitia un rey llamado Tihur. La capital de su reino era la hermosa ciudad de Vesila-Tefeh. En ella introduciremos al punto a los lectores para que tenga verdadero comienzo nuestra historia.

II

Vesila-Tefeh, por más que parezca inverosímil, estaba situada en medio de las que son hoy áridas estepas por donde vagan los kirguises. En la orilla Norte del Sir o Jaxartes se parecía la hermosa ciudad, cuyas casas y palacios se reflejaban en las aguas del caudaloso río. El imperio de que era capital se extendía por el Sur hasta el Oxo o el Amú-Deria. Más allá, un arenoso desierto. Otro desierto arenoso le separaba por el Oriente de la Sogdiana. Por el Occidente tenía por límites el Caspio y el Ural, que entonces formaban un mar solo. Por el Norte no conocía otros términos o fronteras que la mayor o menor pujanza de los escitas, vasallos del rey Tihur, para tener a raya a los pueblos nómadas y enteramente feroces que iban errando por los páramos boreales. En suma, los dominios del rey Tihur, eran como un oasis de cultura, como una isla civilizada en medio de un Océano de barbarie.

A pesar de este aislamiento, los escitas de Vesila-Tefeh dejaron memoria de sus virtudes y de su ciencia aun entre los mismos griegos, tan vanidosos. Zalmoxis, Abaris y otros filósofos escitas se cuenta que llevaron a Grecia religión, oráculos, ritos y misterios profundos. La fama lejana de estos escitas hizo nacer sin duda en Grecia la fábula de los felices hiperbóreos, que vivían en un país feraz y rico, y que componían y cantaban los himnos más bellos que imaginarse pueden, por ser muy amados de Apolo. Ello es que, muchos siglos antes de que en Grecia escribiesen Homero, Herodoto y Esquilo, y aun antes de que a Grecia llevasen los fenicios la escritura, florecía Vesila-Tefeh con extraordinario florecimiento. Regado el fértil terreno por las aguas de siete ríos, de muchos arroyos y de numerosos canales, estaba cubierto en partes de hermosas huertas y jardines. No faltaban bosques umbríos de pinos, abetos y robustas encinas. Había campiñas extensas donde se producía trigo en abundancia, y sobre todo, dilatadísimas dehesas cubiertas de fresca y larga hierba, donde pastaban numerosos rebaños. Pero la más envidiable calidad del País de los Siete Ríos, que así se apellidaba el Reino de Vesila-Tefeh, era la abundancia de oro. Los esclavos de los escitas, no solo sacaban el oro lavando las arenas, sino también ahondando tenazmente con instrumentos de bronce en el seno de las montañas. Los rusos han descubierto muchos restos de estas antiquísimas minas, a las que llaman, no sé por qué, pozos fínicos. Nadie duda que los rudos tártaros, que hoy habitan en las vertientes del Ural, tanto en Kirguisia como en Siberia, son y han sido siempre incapaces de ejecutar para sí tan hábiles trabajos, los cuales no pueden menos de atribuirse a los antiguos escitas. Y digo para sí, porque, en realidad, los tártaros, la gente de raza amarilla y no pocos hombres de raza cusita o etiópica, reducidos a la condición de esclavos, eran los que laboreaban las minas bajo la dirección de los escitas-arios. Estos, como raza dominante y noble, se hubieran deshonrado ejerciendo cualquier otro oficio que no fuese el de pastores, el de la guerra, la caza y la agricultura. Multitud de esclavos de raza amarilla y etiópica se empleaban en los menesteres más bajos y mecánicos.

Otros esclavos semitas hilaban y tejían la lana, el lino y el cáñamo; forjaban las armas y utensilios de bronce, porque el hierro no se trabajaba aún; curtían y adobaban las pieles; desempeñaban varias industrias más elegantes, y hacían, por último, el comercio.

Dificultoso era venir desde Nínive o desde Babilonia trayendo mercaderías hasta Vesila-Tefeh. Pero, ¿qué no vencen el interés y la perseverancia del hombre? Los dos emporios principales desde donde se hacía el comercio entre el Sur del Asia y nuestros escitas, eran el Chersoneso Táurico y Colcos. Las caravanas que salían de Cherson tenían que sufrir grandes trabajos, atravesar países desiertos o habitados por tribus feroces y pasar ríos caudalosos como el Tanais, el Rha y el Daix, que hoy se nombran el Don, el Volga y el Ural. Todo esto se hacía, sin embargo, y el antiguo camino de los mercaderes que señala Herodoto, cruzaba por la parte septentrional del reino de Vesila-Tefeh y se prolongaba hasta la China. Desde Colcos, más activo emporio aún en las edades remotas, se iba también hasta Vesila-Tefeh, aunque exponiéndose a peligros gravísimos que la imaginación magnificaba, pues era necesario salvar torrentes o ríos impetuosos como el Kur, cruzar los desfiladeros del Caúcaso o Montaña Sagrada, donde vivía el pájaro inteligente llamado Karshipta, y discurrir por comarcas donde moraban gentes tan fieras, que la fantasía del vulgo las había trocado en monstruos, bajo los nombres de arimaspes, grifos y gorgones.

A pesar de todo esto, Vesila-Tefeh era un gran mercado; un centro comercial importantísimo. De China venían sedas y objetos de marfil labrado; de Siberia preciosas pieles; de la Arabia, plumas y aromas, y de la India, especierías y tejidos de algodón, delicados y aéreos. En las comarcas meridionales del Reino de Vesila-Tefeh, hacia donde están hoy Kiva,

Samarcanda y Bucara, se daba ya entonces el algodón como se da ahora, pero solo se fabricaban telas groseras. Las finas y perfectas venían de la India por Colcos. Este comercio, que hizo Colcos durante muchos siglos, en telas de algodón, excitó, según algunos graves economistas, la codicia de los griegos y promovió la expedición de Jasón y de los argonautas y los infortunios y horrorosa venganza de Medea. Jasón iba a establecer una factoría en Colcos, y el famoso vellocino de oro no era más que percal, gasa, muselina o cotonía. Tal vez algún etimologista ingenioso se atreva a sostener, en confirmación de lo dicho, que la palabra colcha viene de Colcos o de Colchida, puesto que las colchas son de algodón casi siempre. Otros autores aseguran, a pesar de todo, que el Vellocino dorado no era una tela de algodón, sino una zalea, adobada y preparada de un modo tal, que lavando en ella las arenas auríferas en que los ríos de Colcos abundan, los granitos y pajitas de oro se quedaban adheridos a la lana. Dicese que todavía, no ya solo algunos pueblos del Caúcaso, sino también los kirguises, se valen de semejante método prehistórico para extraer el oro de las arenas. Pero dejemos a un lado esta cuestión, pues importa poco a la exactitud y escrupulosa verdad de nuestra historia.

Otro medio había también de comunicarse con el país de los Siete Ríos, pero era no menos difícil y peligroso. Era este medio atravesar todo el mar Caspio o de Hircania, mar proceloso y de muchos bajíos, y harto mayor entonces que ahora. Acrecentaba la dificultad el no conocerse entonces, no ya el vapor como fuerza motriz, pero ni siquiera el uso de las velas. Las embarcaciones eran chicas y poco sólidas y se movían a remo por fornidos esclavos. Aun así, es evidente que mientras floreció el Imperio de Vara, Djenschid y sus sucesores sostuvieron por mar, con los reyes de Vesila-Tefeh las relaciones más cordiales, frecuentes y provechosas para unos y otros súbditos, los cuales se reconocían como hermanos, por ser arios de la misma estirpe y procedencia. Caído el Imperio de Vara bajo el poder del tirano Zohac, casi habían acabado estas relaciones. Los iranienses gemían bajo el yugo, si bien en las montañas del Elburz se sostenían independientes algunos valerosos. Sabíase en Vesila-Tefeh que un ilustre descendiente de Djenschid, llamado Abtian, los acaudillaba, pero ni tenía plaza fuerte, ni morada fija, sino las breñas y las cavernas. Solo en la cumbre elevadísima del monte Demavend, en el castillo inaccesible de Selket, el más ilustre de los pelavanes, o guerreros nobles, ondeaba aún la antigua bandera del Irán. Amor, Raga y otras ciudades del Elburz gemían cautivos y tenían guarnición asiria o árabe.

Dos reinos arianos había en las orillas meridionales del Mar Caspio; pero se habían hecho tributarios de Zohac y de Nino. Uno de estos reinos era el de los medos, al Oriente, donde imperaba Kus-Pildendan. El otro, al Occidente, donde está hoy el Ghilan, era el reino escita de Matjin; su capital, Zibay; Bebek su monarca.

La catástrofe del imperio de Vara, desde que llegó a noticia de los vesilianos, había conmovido hondamente los corazones. Todos querían socorrer a los pocos que peleaban aún por la independencia y por la ley pura; pero ¿cómo socorrerlos? ¿Cómo luchar contra los árabes, asirios, caldeos y medos coaligados todos? ¿Cómo hacer además con un ejército numeroso tan larga y expuesta expedición, ni por mar, ni por tierra? Los vesilianos tuvieron, pues, que limitarse a una estéril simpatía, y se vieron más aislados que nunca del resto del mundo civilizado entonces.

Por fortuna, la civilización de Vesila-Tefeh tenía recursos propios, y muy hondas y vigorosas raíces para vivir aisladamente. Aquellos ilustres escitas-arios no eran solo guerreros, pastores y labriegos, sino también artistas, poetas, filósofos, y hasta teólogos.

De su habilidad artística daba brillante muestra la arquitectura de los muros, casas, palacios y templos de Vesila-Tefeh. ¡Cosa singular y apenas creíble! Aquella arquitectura era el germen, el embrión, la flor primera de lo que hoy se llama estilo gótico. Sin duda el arte de Bizancio y la religión cristiana han influido muy posteriormente en dicho estilo; pero sus inventores fueron los arios de la Escitia, que en sus inmigraciones sucesivas le introdujeron en Europa. La ciudad de Sarmazigetusa, el castillo de Genuela y otros edificios góticos y sármatas, representados en la Columna Trajana, inclinan a Gioberti y al famoso Carlos Troya a creer que los getas, los sármatas y los dacios, descendientes de los escitas primitivos, trajeron a nuestra Europa aquella arquitectura, existente ya, por lo menos, en los antiguos edificios de Deccneo y de Zalmoxis. Digo esto aquí para que se vea que tengo pruebas en favor de todos mis asertos, si bien las pruebas son inútiles, cuando lo sé y lo doy por seguro, merced a la inspiración.

Harto bien noto que me detengo mucho en preparar la escena y en dar conocimiento de mis actores, sin hacerlos salir ni hablar; pero la historia o el drama que va a representarse, exige tales preámbulos. De otra suerte, bastantes lectores ni se darían cuenta de dónde estaban, ni gustarían de la leyenda, ni tal vez la comprenderían. Por lo demás, yo procuro y procuraré siempre ser muy breve.

Ya he dicho que la ciudad de Vesila-Tefeh estaba en las orillas del Sir. Un puente de piedra unía ambas orillas del río. Los muros que cercaban la ciudad eran altos y gruesos, hasta el punto de que pudiese correr un carro por cima de ellos. Cuatro anchas puertas, revestidas de chapas de bronce, daban entrada a este recinto. Dentro de él estaban las casas de los más nobles y principales señores, un templo en lo alto de un cerro, y no muy distante, el alcázar del rey Tihur. No había calles. Las casas estaban separadas unas de otras por arbolado y jardines. Fuera del recinto de la muralla, que más bien pudiera llamarse ciudadela que ciudad, se extendía la población y el caserío. En torno de cada casa había una cerca, más o menos grande, y, resguardados por la cerca o tapia, un huerto, un aprisco para los carneros y ovejas y un tinado para los bueyes.

En el templo había una torre, de forma cúbica, que terminaba en una pirámide cuadrangular, muy aguda. Entre el extremo del cubo y la base de la pirámide, quedaba un espacio hueco, sostenido por cuatro poderosos machones. Del techo de este mirador colgaba, asida a una cuerda, una enorme plancha circular de cierta amalgama metálica, en extremo sonora, la cual, herida por un mazo de plata, daba la señal de alarma, y convocaba a los guerreros.

Lo interior del templo era muy bello. Diez gigantescos pilares sostenían la techumbre. Cada pilar, desde el zócalo hasta lo alto, se asemejaba a un grupo de palmas, cuyos troncos, unidos en manojo, esparcían luego las airosas ramas, formando la bóveda ojival. No había imagen alguna. Solo había un altar en el fondo, sobre el cual brillaba perpetuamente el hijo del cielo, la emanación de Ahura Mazda, el fuego divino.

En Vesila-Tefeh no había sacerdotes, o, por mejor decir, eran sacerdotes los padres de familia. El rey, como Melquisedec, era el primero de todos.

El dios que adoraban aquellas gentes era el Grande Espíritu, el Ser Supremo cuya noción no habían ofuscado aún el politeísmo y la idolatría. En un principio, habíanle llamado

Teu, o Dev, o Div. Desde el cisma entre iranienses e indios, este nombre de Div se había aplicado al príncipe de las tinieblas, a los genios negros, a los espíritus tenebrosos. Los Diva, en suma, eran los diablos para los iranienses y para nuestros escitas-arianos. Los sabios de Vesila-Tefe, conociendo bien la ciencia y la teología iránicas, al principio luminoso, al foco de la luz increada, al Grande Espíritu, en suma, generador de todo bien, le llamaban Ahura-Mazda. Ariman era su contrario.

El vulgo, ignorante de tan altas doctrinas, llamaba a Dios Boga o Savitar. Daba culto asimismo a los genios buenos o espíritus que le servían; a las almas de los héroes, a quienes llamaba Anses; al fuego del altar y al Soma o licor sagrado. El modo de adoración eran sacrificios cruentos, libaciones e himnos. Aun no había otra liturgia u otro canon que la inspiración de cada sacrificador y de cada poeta.

Delante del alcázar del rey Tihur hacían guardia constante sesenta guerreros escogidos, de las más egregias familias. Todos tenían lanzas, arcos, flechas y una espada corva o alfanje. Ya servían a pie, ya a caballo, y constituían el único ejército permanente. Verdad es que todos los ciudadanos libres eran soldados, y acudían al llamamiento en caso de peligro.

El alcázar del rey Tihur era espacioso, cómodo y lleno de regalos y primores. Encerraba en su piso bajo magníficas caballerizas con hermosos caballos, asnos, mulas y cabras; cinco carros elegantes; podenqueras, que contaba unas cuantas jaurías de galgos y de podencos; no escasa colección de halcones, gerifaltes neblíes y hasta águilas y buitres adiestrados en la cetrería; anchos corrales poblados de aves domésticas, y un jardín muy lindo. También estaban en el piso bajo las cocinas, despensas y bodegas y las habitaciones de la servidumbre.

Moraba el rey Tihur en las cámaras altas, donde había grandes salones. Armas colgadas en haces, pieles de fieras, cabezas de venados, de lobos y de osos ornaban los muros.

En lo más recóndito y bello del palacio se encontraba, el harem o gineceo. Los escitas no tenían más que una sola mujer, pero los reyes y los príncipes se permitían (habiendo tomado esta pícara costumbre de los cusitas y semitas más refinados y viciosos) el poseer algunas bellas esclavas.

El rey Tihur, si bien pasaba ya de los cincuenta años, no se había casado nunca y carecía de sucesión legítima. Un hermano suyo debía heredar el trono, previo el consentimiento y aclamación de los nobles y libres vasallos.

Ni las esclavas que habitaban el harem ni las más gentiles y nobles doncellas de toda la Escitia habían herido jamás el corazón del rey Tihur, ni excitadole al matrimonio. Fuerza es confesar, sin embargo, aunque redunde en desdoro suyo, que el rey Tihur había sido, y era aún, a pesar de sus años, muy aficionado a mujeres. Este era casi su único defecto. Por lo demás, era tan llano, tan justo, tan valiente, tan generoso y tan benévolo, que todos sus vasallos le querían de un modo entrañable.

Considere, pues, el pío lector, lo afligidos que estos vasallos andarían al empezar nuestra narración. El rey Tihur se hallaba aquejado de una melancolía profunda, misteriosa, invencible.

Encerrado en su estancia, solo se dejaba ver de su fiel esclavo favorito Amrafel, negro como la endrina y fiel como el oro. Hombres versados en la ciencia y arte de curar habían acudido con hierbas, conjuros y versos mágicos, mas el rey no había querido recibirlos.

En Vesila-Tefeh, no se hablaba más que de aquella extraña dolencia. Preguntabanse unos a otros:

—¿Qué tendrá el rey? —pero nadie daba contestación satisfactoria.

III

La profunda melancolía del rey Tihur no tenía causa conocida. Era el mal de moda en nuestro siglo; pero entonces, aunque no se hablaba tanto de este mal, no era menos frecuente. En las primeras edades del mundo hubo, como en nuestra edad del vapor y del magnetismo, corazones con un amor sin objeto, con un afán vehemente de admiración y de adoración, sin hallar nada digno de ser admirado y adorado; con un vacío infinito en la existencia que nada puede llenar; con un ideal vago e irrealizable; con un empeño loco de dar tan noble y elevado fin a la vida, que todo lo que no es este fin parece vanidad y miseria.

La diferencia entre ahora y entonces, lo que induce a creer a los que miran superficialmente las cosas que el mal de que hablo es más general en el día, esto iba en una mera figura retórica: en el eufemismo. El que por feo, por tonto o por poco listo, no es tan atendido y considerado como él cree que merece; el que no llega a la posición a que aspira; el que se aprecia y tasa en mucho más de lo que dan por él; y muy singularmente el que tiene menos dinero del que necesita, y sabe gastarle y no sabe adquirirle; todos estos y no pocos más que adolecen de otros achaques prosaicos, se atribuyen en el día el mal poético y sublime del rey Tihur. Ellos se curarían y, en efecto, suelen curarse de su hastío y desesperación byroniano, ya con un empleo, ya con unas cuantas monedas, ya con una Gran Cuz, ya con un título de marqués o de conde; pero, mientras esto no llega, se colocan en el número de los desesperados y de los seres superiores no comprendidos, y se declaran ejemplos vivientes de las amarguras que pasa el genio y de la estupidez y ruindad del vulgo para con él.

No era así el rey Tihur. Su desesperación y su aburrimiento eran de buena ley, y, por consiguiente, incurables.

Los ejercicios violentos de correr a caballo y de cazar fieras no mitigaban su dolor. En medio de las mayores agitaciones corporales, su alma estaba fija en la causa de su tormento. La fatiga rendía su cuerpo, pero no rendía su espíritu. Hasta en sueños, el mal del espíritu le perseguía, y con nada acertaba a alejarle de sí.

Una mañana, poco después de levantarse, hallabase el rey en su estancia más reservada y retirada. Cualquiera de nosotros, si estuviese tan aburrido como él, tendría un cigarro, un libro ameno, un periódico para distraerse. En tiempo del rey Tihur no había nada por el estilo.

Estaba, pues, el rey Tihur sentado en enorme banco de roble, cubierto el banco de una piel de oso y de varios almohadones. La ocupación del rey era echar los dados de un cubilete y meditar sobre los caprichos misteriosos del acaso. Entonces entró en la estancia el esclavo favorito, Amrafel, único que tenía permiso para ello, y se entabló el siguiente coloquio.

Conviene empero, antes de transcribirle aquí, dar una idea ligera del aspecto y traza de ambos interlocutores.

Amrafel tendría de treinta a cuarenta años de edad, y ya hemos dicho que era negro; de menos que mediana estatura, pero muy fornido. El fuego de sus ojos y la extraordinaria blancura de sus dientes resaltaban sobre lo atezado de su rostro. Nacido y criado Amrafel en Ur, se había instruido en todas las ciencias y supersticiones de los caldeos, y sabía mucho de astrología y de magia. Cuando Ur cayó, en poder de los asirios-semitas, Amrafel fue vendido como esclavo a unos mercaderes de Colcos, los cuales le revendieron al rey Tihur, de quien ahora gozaba toda la privanza.

Estaba vestido Amrafel con una túnica de lana oscura, ceñida al talle por un talabarte de cuero de búfalo, de cuyos tiros colgaban una ancha espada, a la izquierda, con vaina y puño de plata, y a la derecha un largo puñal, cuyo puño y vaina eran de plata también. Traía los brazos desnudos hasta los hombros, y en los brazos sendos brazaletes. Llevaba en las orejas zarcillos, y en la vestidura, hasta la misma fimbria u orla inferior, varios cascabeles o campanillas, que sonaban al andar, y que eran, asimismo, de plata, como los brazaletes y zarcillos. Ya se entiende que dichos cascabeles o campanillas no eran adorno de bufón, sino signo de dignidad palatina y de jerarquía elevada. Por esto, sin duda, ha quedado entre nosotros el designar a cualquier señor muy respetable y encumbrado, llamándole un señor de muchas campanillas. Llenos de campanillas iban siempre los levitas o sacerdotes hebreos, y aun ahora, en la iglesia griega, están cuajados de campanillas sonoras los trajes más ricos y vistosos de los obispos, archimandritas y patriarcas.

La cabeza de Amrafel estaba descubierta, dejando ver un pelo negro, corto y muy rizado, aunque no tan áspero y crespo como la lana o pasas de los negros del África Occidental. Amrafel calzaba, por último, elegantes sandalias, y empuñaba en la diestra una pértiga de marfil, muestra de autoridad. Era como el pertiguero o maestro de ceremonias del palacio; algo parecido a lo que Jenofonte y otros autores llamaron posteriormente esceptuco en la corte de los acheménides.

Al entrar, Amrafel no saludó al rey prosternándose, al uso de los asirios y caldeos, sino que, según la costumbre más noble y altiva de todos los pueblos arianos, desde los indios hasta los celtas, describió lo que llaman en sanscrito un pradakshina, o digase trazó un círculo o arco de círculo, presentando siempre al rey el lado derecho. Luego se paró silencioso enfrente de su amo.

Éste jugaba solo a los dados; juego prehistórico. Sus ropas eran de finísima lana negra, ceñidas a la cintura por una faja de seda roja. Los borceguíes o coturnos, de cuero bien curtido, eran rojos también. La rubia y larga cabellera del rey, que ya empezaba a encanecer, estaba recogida por ínfula asimismo de seda roja. Era el rey Tihur alto y robusto, ancho de hombros, y de pecho dilatado. En sus piernas, que hasta el muslo se veían desnudas, se dibujaban con brío todos los músculos, cuerdas y tendones.

Sobre la pujante cerviz estaba gallarda y airosamente colocada la cabeza, bien proporcionada y hermosa.

Los ojos del rey eran azules y ardientes, aunque velados por una triste y amorosa expresión; y su boca, pequeña, a lo que podía descubrirse entre la barba y el bigote, poblados y luengos. La tez era sonrosada y blanca, a pesar de que el Sol y la intemperie le habían dado un barniz o baño dorado; una especie de pátina semejante a la que imprime el tiempo en los monumentos de mármol blanco de Andalucía, Sicilia y Grecia. En fin, el perfil de la nariz y de la frente era tan correcto y majestuoso, como imaginamos que debió serlo el de la nariz y la frente de Júpiter de Fidias.

Durante un breve rato no advirtió el rey la entrada de Amrafel; tan ensimismado estaba. Alzó, por último, la cabeza; vio a Amrafel y rompió el silencio de esta suerte:

—Siéntate a mi lado; deseo hablarte con reposo.

Amrafel se sentó respetuosamente en un escabel, a cierta distancia.

El rey prosiguió:

—Tú no ignoras mi mal, Amrafel, pero no aciertas con el remedio, ni yo creo que le tiene. Me cansa la vida, y no quiero morir. No puedo persuadirme de que no hay nada más allá de esta vida. ¿No crees tú, como lo creo, que después de la muerte queda de nosotros una sombra leve y vaporosa, que tal vez se levanta en el aire tenebroso y recorre volando muchos espacios, pero cuya vida es incompleta y horrible, por lo mismo que esta sombra conserva el pensamiento y la memoria, y no puede ver la luz del claro día?

—Lo que pasa después de la muerte es un misterio —respondió Amrafel—; pero lo natural en el hombre es creer en una existencia ulterior e imperecedera.

Yo he peregrinado mucho, he hablado con hombres de todas las naciones y castas, y todos creen en esa vida ulterior, aunque explicándola de diverso modo.

—¿Te satisface alguna de esas explicaciones?

—Ninguna, por completo: y menos que ninguna la de aquellos que del aniquilamiento y del endiosamiento hacen una misma cosa. El entender y el querer son esencialmente distintos. Por el entender bien podemos confundirnos con la inteligencia infinita, y perdernos en ella como una gota de agua se pierde en el mar; pero la voluntad es un centro individual irreductible. Mientras más se educa y se levanta la inteligencia humana, más se identifica y confunde con toda inteligencia; más se acerca a la inteligencia única de que proviene. Por el contrario, la voluntad, mientras más se educa y se levanta, por más que se someta y se conforme a los decretos eternos, más se determina y se aísla; más se individualiza y distingue. Tiene la voluntad su centro en sí, y en su desarrollo no hace sino marcar con más energía este centro, mientras que el entender tiene su centro fuera de nosotros. Es un centro universal donde concurrirían y se perderían todas las inteligencias, reduciéndose a perfecta unidad, si en el querer de cada individuo no se cifrase la indestructible diferencia. La voluntad es el ser que nos hace sobrevivir en el reino de las sombras: la forma, el ídolo, el fantasma nuestro es la voluntad.

—Mi pensamiento está de acuerdo con el tuyo, en el modo de considerar la vida futura. Yo concibo que un puñal, un veneno, cualquier agente capaz de romper la máquina de mi cuerpo, puede separar las partes que le constituyen y volverlas a los elementos de que salieron para que compongan otros seres. Lo que no concibo es que mi forma desaparezca. Este no sé qué, que me hace ser yo y no ser otro, no perece. Mas, ¿en qué consiste este no sé qué?

—Debe ser una substancia sutilísima; algo como aire ligero.

—Tan sutil debe ser, que dudo mucho de que nuestros sentidos perciban jamás las sombras. ¿Crees tú que podemos verlas, oírlas, sentirlas de algún modo, comunicar con ellas?

—Creo que sí; pero de un modo imperfectísimo. En esta vida mortal nos comunicamos por medio de la palabra, que estremece el aire y hiere el oído. La palabra de las sombras debe estremecer otro ambiente más raro y debe herir otros sentidos más agudos y perspicaces. El lenguaje de las sombras debe ser, por último, más compendioso y rico. Su concisión y energía maravillosas.

—¿Cómo explicas, entonces, la evocación? ¿Acaso no crees en la evocación de las sombras?

—No tan solo creo, sino que me juzgo capaz de evocarlas.

—¿Y cómo podrás ponerme en comunicación con los muertos?

—Sobreexcitando tus sentidos, dándoles mayor perspicacia y penetración; pero, aun así, confieso humildemente que solo podrás entenderte con las sombras por un estilo rudo y grosero. La palabra verdadera de las sombras jamás la oirás mientras vivas; su lenguaje será ininteligible para ti mientras conserves ese cuerpo que hoy tienes.

—De suerte —dijo el rey Tihur—, que si solo por estilo grosero y rudo pueden las sombras hablar conmigo, ¿cómo ha de ser que me descubran nada de los misterios de su vida; que me infundan nuevas ideas, inefables, sin duda, en el lenguaje en que solo hablan conmigo?

—Si no es imposible, es muy difícil que las sombras te trasmitan sus ideas; no caben en ningún idioma de los que hablan ni hablarán los vivientes. Por esto el comercio mental entre las sombras y nosotros no se acrecentará jamás con el andar de los siglos. Muchas leyes de las que gobiernan el mundo que vemos descubrirá el hombre con el tiempo; pero del mundo que está más allá de nuestros sentidos, aunque nos rodea y nos penetra, se descubrirá poco o nada. Lo mismo que se sabe hoy se sabrá después que el Sol y la bóveda del cielo hayan veinte mil veces producido, con sus acordes movimientos la variedad alternada de las estaciones.

—Te confieso que lo que no logra en mí la desesperación, el cansancio de la vida, tal vez lo logrará un día la curiosidad. A veces deseo la muerte para iniciarme en esos grandes misterios; pero encontrados sentimientos me combaten. Esos mismos grandes misterios me llaman a conocerlos, me excitan, me atraen y me aterran.

—Son, en efecto, pavorosos.

—¿Llegaré a tener más luz sobre ellos en esta vida?

—Lo ignoro.

—Voy a declararte un proyecto que tengo y que he de realizar inmediatamente. Estoy decidido a hacer una larga peregrinación. Quiero ir a Bactra, a la patria del gran profeta

Zoroastro, y anhelo iniciarme en los misterios antiquísimos de Mitra. Tal vez allí descubra yo un medio de comunicar más íntimamente con las sombras, y con seres que, no tomando jamás cuerpo humano, hayan permanecido hasta hoy ocultos a nuestra mente. ¿Imaginas tú que existan estos otros seres?

—No lo imagino solo, lo doy por seguro. Apenas conocemos algo de lo que nos rodea merced a los ojos, al oído y al tacto; pero estos mismos sentidos más aguzados, u otros sentidos, que no acertamos siquiera a imaginar, nos pondrían, sin duda, en comunicación con infinidad de seres que hoy viven aislados de nosotros, aunque de continuo nos circundan. En el aire, en el agua, en el fuego, en la luz, en las tinieblas hay, a mi ver, inteligencias recónditas, seres vivos de una naturaleza superior a la nuestra, genios emanados de Ahura-Mazda o del Espíritu contrario, poderes benéficos o maléficos, que tal vez influyen en nuestro destino.

—¿Podemos dominar a algunos de esos seres y obligarlos a que nos obedezcan y sirvan?

—A los buenos y luminosos no podemos, porque provienen de un principio soberano intransmisible; pero podemos dominar a los malos y hacer que nos sirvan, ora ligándolos con el Espíritu contrario al bien, y comprándole esa potestad a expensas de nuestra servidumbre ora por favor del mismo Ahura-Mazda, que concede esa potestad a los varones virtuosos y sabios. Por lo dicho, comprenderás que la magia es de dos maneras, y los conjuros pueden ser eficaces, ya en nombre del principio luminoso, ya en nombre del rey de las tinieblas.

—A la hora del mediodía, cuando el Sol está en toda su fuerza, cuando los hombres duermen y reina el silencio, he vagado por las selvas solitarias; en el horror de la oscura noche he acudido al lugar de los sepulcros, donde mis mayores se dice que descansan; pero ni he visto ni he oído sombra alguna, ni espíritu, ni genio. He vertido en las tumbas el Soma sacrosanto, leche y manteca clarificada: he llamado a los Anses, a los héroes antiguos. No me han respondido, ni han dado señal de quedar satisfechos de las libaciones. ¿He cometido algún crimen, o soy de tan baja y vil naturaleza que no merezco acercarme a lo superior y a lo divino? ¿Por qué ha de abrasarme entonces esta sed inextinguible de lo divino y de lo superior? Si toda la naturaleza está poblada de virtudes, de genios, ¿cómo es que permanece siempre desierta para mí? Oigo el bramar de los vientos, el murmullo de las aguas; veo la esfera celeste; veo la tierra cubierta de frutos, plantas y animales; veo y oigo, en suma, cuanto ve y oye el más abyecto de los mortales; pero ¿no merezco más? ¿No valgo más?

—No sospeches señor que es lisonja cortesana lo que voy a decirte. Más vales y más mereces. Digno eres de que lo divino venga a ti durante la vigilia y de un modo claro, no entre los vapores de un ensueño o en la alucinación medrosa que produce la fuerza mágica de ciertos filtros o de ciertos linimentos y pociones que yo poseo. Pero las sombras, los espíritus, no ceden a un capricho; no se revelan a fin de satisfacer una mera curiosidad. Proponte un fin grande y sublime y ellos acudirán entonces.

—¿Quién te dice —exclamó el rey— que yo carezco de ese fin grande y sublime? Si en esta torpe lengua humana no acierto a formularle, ¿crees túque no está en mi mente, claro y limpio y formulado, y que los espíritus no podrán leerle en ella?

—Aun así, ¡oh, rey!, menester será que hagas cuanto en lo humano sea posible para realizar ese fin. Solo, entonces, si el fin es bueno, y si es, además, humanamente irrealizable, alcanzarás acaso bastante merecimiento para que los espíritus se te aparezcan y te den su sobrehumano auxilio.

Calló Amrafel, y el rey Tihur quedó también por algunos instantes en muy hondo silencio. Vuelto a lo que le rodeaba, después de aquella reconcentración en que había caído, el rey habló de esta manera:

—Mira, Amrafel, lo que me impulsa a buscar el trato y conversación de los espíritus es todo amor y aspiración no satisfecha: amor de saber y amor de amor mismo. Quiero hallar una hermosura superior a las que he conocido hasta ahora, para que mi voluntad la ame y en ella repose; quiero hallar verdades superiores a las que hasta ahora he conocido, para que mi entendimiento se satisfaga.

—¿Y no adviertes que hay un egoísmo inmenso y un desmedido orgullo en lo que anhelas?

—No niego que le hay, pero no todo es orgullo y egoísmo. Más que en mi propia ventura, pienso en la grandeza y prosperidad de mi raza y de todo el linaje humano. Salvo algunos individuos, y hablando en general, no puede negarse que la raza a que pertenezco es la más noble de todas. De ella será el imperio del mundo; ella ha de llevar a feliz término toda aspiración y ha de realizar todo bien. Mi raza está muy postrada y humillada. No dudes que volverá a levantarse. Concurrir a este fin es mi deseo. El aislamiento en que vive el pueblo de Vesila-Tefeh le ha hecho olvidar no pocas de aquellas fecundas ideas que nos inspiraron nuestros sabios primitivos antes de separarnos. Otros pueblos de nuestra misma estirpe han conservado mejor aquellas ideas y las han desenvuelto, pero en cambio, han viciado su voluntad. Yo pretendo ir en busca de la ciencia de aquellos pueblos, nuestros hermanos, y traerla a nuestro pueblo, que no la posee, si bien conserva la voluntad más pura y más entera. El imperio de Vara ha caído; el descendiente de Djenschid no tiene cetro ni corona. Los asirios y los árabes, a quienes aborrezco, se han enseñoreado en los dominios de Djenschid y de los hombres de la ley pura. Harto conozco que las fuerzas de Vesila-Tefeh son muy débiles para que yo vaya al imperio de Djenschid como libertador, y no quiero ir a él como pacífico peregrino, pero iré más hacia el Oriente; iré a Bactra; iré más allá; penetraré en la India y consultaré a los solitarios e iluminados penitentes que habitan los bosques frondosos de Dandaka y de Pantchavati, y las risueñas orillas del lago de las Cinco-Apsaras. La gloria de aquellos solitarios llena ya toda la tierra.

—¿A quién dejarás ¡oh, rey!, el gobierno de Vesila-Tefeh durante tan largas y peligrosas peregrinaciones?

—A mi hermano Arioc —contestó el rey Tihur—. Tú prepara lo conveniente, pues hemos de partir mañana, al rayar el día.

—¿Quién irá contigo?

—Irás tú; irán treinta de los sesenta guerreros de mi guardia; cuatro pastores, con veinte vacas y cien ovejas; mis dos mejores perros y mis dos mejores halcones; diez mulas cargadas de riquezas y presentes que sacarás de mi tesoro; otras cuarenta con todo género de vituallas y refrescos; algunas tiendas de campaña; mi caballo negro de montar y mi carroza de viaje, tirada por dos cebras poderosas, y treinta esclavos ágiles para que nos sirvan. Todo esto ha de estar pronto, antes de que mañana despunte la aurora.

Al oír las últimas palabras del rey, se alzó Amrafel de su asiento, y dando con el cuento de su pértiga ebúrnea un golpe en el suelo, dijo:

—Tu voluntad será cumplida.

Sin más explicaciones, salió Amrafel de la estancia.

IV

En nuestra Edad Media cristiana, los villanos eran tan humildes y andaban tan mal armados, que un solo caballero, con buena armadura, podía y solía alancear a millares de hombres; y un pequeño escuadrón de caballeros podía y solía conquistar todo un reino y hacer tales proezas e insolencias, que justificasen las que refieren los Libros de Caballerías. Había, además, en nuestra Edad Media, mayor población y más recursos. Nunca o rara vez faltaba un castillo o una posada donde albergarse cuando llegaba la noche, ni algo de comer y de beber que, de grado o de fuerza, robado, comprado o generosamente ofrecido, pudiera satisfacer la sed y el hambre de un caballero. No se ha de extrañar, pues, que no ya caballeros particulares, sino a veces hijos de reyes y hasta reyes, saliesen solos de su casa, salvo la compañía de algún escudero leal, y recorriesen mucha parte del mundo buscando aventuras. Pero más tarde, cuando los villanos y rústicos sacudieron de sí aquella mansedumbre y aquel hábito de sumisión a que la dominación romana por largos siglos los había acostumbrado, y cuando la humildad evangélica dejó de ser entendida por ellos tan a la letra, ya empezó a ser difícil el salir solo un caballero en busca de aventuras, por bien armado que estuviese; y ya se expuso todo caballero, por valiente que fuese, a ser apaleado, herido o muerto.

En tiempo del rey Tihur, la dificultad y el peligro subían de punto en absoluto, y más aún si se atiende al aislamiento de Vesila-Tefeh. Lejos, pues, de parecernos demasiada la comitiva que el rey Tihur quería llevar consigo, y muchas las provisiones de toda laya que había ordenado disponer, deben parecernos pocas e insuficientes para tan difícil empresa.

Bajando por la ribera del Aral, unido entonces al mar Caspio, nada había que recelar entonces hasta llegar cincuenta parasangas o leguas al Sur de Vesila-Tefeh. Todo el país estaba lleno de preciosas aldeas, donde vivían felices los súbditos de Tihur; los campos estaban bien cultivados, y los ríos tenían puentes de barcas o de piedra; mas, al llegar al sitio indicado, cambiaba completamente el aspecto del suelo. El río Djan-Deria, hoy seco o perdido bajo las arenas del desierto de Kizil-Cun corría entonces caudaloso con grande ímpetu a precipitarse en el mar, en aquel sitio, donde no había puente para pasarle.

Si bien, según he dicho, el imperio de Vesila-Tefeh se extendía hasta el Oxo o el Amú-Deria, entre el Djan-Deria y la ciudad de Vesila-Kara, célebre entonces por sus grandes minas de oro, que aun en tiempos modernísimos han excitado la codicia del zar Pedro el Grande, había un inhospitable desierto de unas 40 leguas de largo, que se llama hoy Kizil-Cun. Una vez atravesado este desierto, desde Vesila-Kara, caminando hacia el Sur, el país era fertilísimo, poblado y hermoso, hasta cerca del Oxo; por el Oriente lo era también hasta donde hoy está Samarcanda, sobre poco más o menos; pero más allá, había montañas ásperas, nuevos desiertos arenosos y regiones selváticas, por donde vagaban los corasmios y otras gentes fieras: todo lo cual separaba las posesiones del rey Tihur de la santa ciudad de Bactra o Zoriaspa. Vease, pues, si tenía sobrada razón el rey Tihur para hacer tamaños preparativos.

Amrafel, que era listo y eficacísimo, dio las órdenes oportunas, y todo se hallaba dispuesto para la partida a las pocas horas de haberla decidido el rey.

Su hermano Arioc y algunos de sus grandes vasallos, trataron de disuadirle de que emprendiese aquella expedición; pero todo fue en balde.

Los negocios se arreglaron como era justo, y Arioc quedó nombrado lo que llamaríamos ahora regente del reino.

Cuando se esparció la noticia de que el rey se iba, todos los habitantes de Vesila-Tefeh, entre quienes el rey era idolatrado, dieron muestras del más vivo y doloroso sentimiento.

Las esclavas del gineceo se afligieron también; pero se resignaron pronto con la ausencia de su señor, quien, por lo general, les hacía poquísimo caso. Solo una, a quien apellidaban Peridot, como si dijéramos hija de una peri, amaba al rey con entrañable cariño, y no podía conformarse con su ausencia. El rey también la amaba, como parece que solo podía amar a una criatura terrena aquel corazón herido y aquella alma que ardía en sed de lo sobrehumano.

La noche víspera de la partida del rey, cuando ya las tinieblas habían encapotado el cielo y todo el alcázar estaba en calma y reposo, Peridot se envolvió en un manto oscuro, y tomando en la mano una lámpara, cuya luz estaba alimentada en oloroso aceite, se dirigió a la estancia de su dueño, quien sin duda la aguardaba.

Hallabase distraído el rey Tihur en sus meditaciones y como Peridot andaba con pasos ligeros, que apenas se oían a pesar del silencio nocturno, el rey no la sintió llegar. Dio Peridot un leve golpe en la puerta cerrada de la estancia, y el rey, como quien despierta de un sueño, dijo maquinalmente:

—¿Quién es? —aunque bien sabía que era ella.

—Soy yo; tu sierva Peridot —respondió una voz argentina.

Abrió Tihur la puerta, y volvió a cerrarla no bien entró la esclava. Ésta colocó enseguida la lámpara sobre un pie o candelabro que había en un ángulo; dejó caer el manto que la cubría y se echó en los brazos del rey.

Peridot era una preciosa criatura, y bien se podía dudar de que entre los seres sobrenaturales con quienes Tihur buscaba trato, entre los izeds, anses, amschaspands, apsaras, peris y genios, hubiera nada más lindo y gracioso, ni más vivo, y al parecer más inteligente. Cualquier otro hombre que no fuese el rey Tihur, juzgaría que no era deseable más íntima comunicación con las cosas divinas que la que podía tener por medio de aquella muchacha; que en sus labios podía beber la bebida de los dioses, y que la luz de sus ojos podía iluminarse con la luz y el fuego del cielo.

Una estola de finísimo y blanco lino velaba apenas las delicadas formas de Peridot. Sus cabellos eran rubios como el oro. Una cinta azul los sujetaba en parte sobre la frente pequeña y recta, desprendiéndose airosamente algunos leves rizos sobre las sienes y el cuello. La gran masa de la abundante mata de pelo estaba levantada por todos lados y recogida en la cima de la cabeza, donde, entrelazada con hojas de hiedra, formaba un corimbo elegante. Las mangas, anchas y cortas, dejaban ver los bien torneados brazos, ornados de brazaletes de oro. Calzaba Peridot finas sandalias, que descubrían los menudos pies. En el ambiente que la circundaba y en el aire que agitaba y rompía al pasar, no se sentía perfume artificial ni esencia de flores, sino un aroma tenue y deleitoso de juventud, de salud y de limpieza; una frescura beatífica; algo de magnético, luminoso y risueño.

Tendría Peridot de dieciocho a veinte primaveras, y todo su cuerpo era de una corrección admirable de dibujo. Si de la cara no se podía decir lo mismo, sus facciones ganaban en gracia, animación y hechizo, lo que en regularidad perdían. La nariz, algo recortada y levantada por abajo, prestaba a toda su fisonomía cierto carácter de infantil petulancia; sus grandes ojos azules estaban llenos de pasión y desenfado; sus labios, un poco gruesos, tenían el lustre sano y el color rojo de las cerezas en sazón, cuando aún están en el árbol, húmedas con el rocío de la aurora; y su boca, en verdad, no muy chica, entreabierta casi siempre por una sonrisa franca, dejaba ver dos hileras de dientes blanquísimos, iguales y apretados, bien puestos sobre las frescas y coloradas encías, adonde no se acertaba a comprender que hubiesen tocado jamás alimentos terrenales, sino el néctar y los elixires de que viven las peris y las apsaras.

En el primer abrazo y en la efusión de cariño que hubo de sucederle, tal vez olvidó el rey Tihur su aspiración a lo sobrehumano y su ansia de penetrar los grandes misterios; tal vez desechó su enfermedad sublime, su hastío del mundo visible y su amor del invisible. La verdad es que nada de esto habló, ni nada se habló de ninguna otra cosa. En ciertos momentos no hay palabra de ningún idioma conocido, por suave y regalada que sea, que baste a expresar lo que se siente, que no lo profane al querer expresarlo. Por esto el rey Tihur y Peridot se callaban. Tal vez pensó entonces el rey Tihur que aquello solo podía expresarse en vocablos monosílabos; con algo como rudimentos o interjecciones, que han de pertenecer, sin duda, al lenguaje de los espíritus, y han de ser como el a b c del habla celestial.

Una hora después, reclinada Peridot sobre mullidos almohadones, y teniendo junto a sí al rey Tihur, le hablaba de esta suerte:

—¡Ingrato! ¡Cruel! ¿No eres aquí dichoso? ¿Por qué te vas y me abandonas?

—Así lo quiere mi destino —respondió el rey Tihur.

—¿Y por qué, ya que es inevitable tu partida, no me llevas contigo? ¿Crees tú que no tendré valor para arrostrar a tu lado todos los peligros, para exponerme a todos los azares y para sufrir y resistir todas las fatigas? Semíramis, la reina de Asiria, he oído contar que inventó un traje elegantísimo, un traje guerrero y viril que le sentaba lindamente, y en este traje acompañaba siempre a su marido en todas sus campañas, peregrinaciones y conquistas. ¿Por qué no me dejas imitar en esto a Semíramis? Me siento muy capaz de imitarla.

—No puede ser, mi querida Peridot, replicó el rey. Tú ignoras lo expuesto, lo difícil, lo terrible que es el viaje que voy a emprender. El cansancio te rendiría; el Sol y el viento ajarían y marchitarían tu hermosura. Consérvame tu hermosura y consérvame tu amor para cuando yo vuelva. Mi vuelta será pronto, y no puedes darme mayor prueba de afecto que esperarme tranquila.

—¿Y cómo he de estar tranquila, si me consumirá el deseo de tu amor y los celos me abrasarán el alma?

—¿Y de quién has de tener celos, oh amabilísima entre las mortales? Todos aquellos senos de mi corazón, donde cabe aún el amor de los seres visibles, están henchidos de tu nombre, están sellados con tu imagen, y están encendidos con el fuego de tu mirada. No te niego, ni nunca te negaré, que en lo más noble de mi ser, en lo más elevado de mi alma, hay otro amor superior al que me inspiras; pero este amor, lo mismo aquí que muy lejos de aquí, te será siempre contrario. Por este amor no te pertenezco. Por este amor no soy tuyo. Pero ¿acaso puedes tú tener celos del objeto vago e inexplicable de este amor?

—Y ¿por qué no he de tenerlos? Contigo soy muy humilde, como tu esclava debe ser, pero soy soberbia con los otros. No hay peri, no hay ninfa, no hay genio, no hay espíritu que juzgue yo más noble y más bello que el espíritu que anima mi ser, cuando en tu amor se diviniza y hermosea. Si quieres entenderte con el espíritu solo, si quieres ahondar en los misterios que nos circundan y donde no penetran nuestros groseros sentidos, toma un puñal y mátame. Libre mi espíritu de esta ciega prisión, no será sordo a tus evocaciones ni rebelde a tu mandato. Mi voluntad amorosa tendrá fuerza bastante para quebrantar las leyes de la naturaleza; para traspasar los límites del reino de las sombras; para llegar hasta ti; para acariciarte y besarte en el mismo centro del alma; para decirte lo inefable; para narrarte lo inenarrable y para traer a tu conocimiento las ocultas verdades, rompiendo el sello que las encubre. Mátame, y ya verás como el lazo con que el amor me liga a ti no se rompe, y cómo se abre para ti el reino de las sombras, en el que tendrás una esclava.

Ciertamente que a tan enamoradas frases era difícil contestar. No había otra contestación que cortarlas con un beso; que cerrar con los labios los labios de que salían.

Así lo hizo el rey Tihur, exclamando después de una breve pausa:

—La culpa es mía; indudablemente la culpa es mía. Fue un egoísmo feroz el que me incitó a hacerme amar de ti, que eres una niña. Yo soy un viejo de corazón gastado, y apenas si puedo darte nada a trueque de los inagotables tesoros de amor que tu alma guardaba y que tomé para mí. Los robé miserablemente, pues nada puedo darte en cambio. No, Peridot, yo no te amo como tú me amas, ni lograré amarte nunca. Esta sola conisideración me induciría a partir aun cuando no hubiese otra. Tal vez la ausencia te curará del amor inmerecido que he llegado a inspirarte. Olvídame; haz cuenta de que no existo y consagra a otro hombre ese amor que yo sé estimar, pero no pagar. Las puertas del gineceo están abiertas para ti. Eres libre; valte de tu libertad.

Al oír esto Peridot, rompió en desconsolado llanto y en tiernísimos sollozos; tibias y claras lágrimas se deslizaron por sus mejillas de rosa; y su cabeza, como flor que agosta el Sol de estío, se inclinó lánguida sobre el pecho del rey Tihur.

—Yo soy tu esclava —prorrumpió—; yo quiero ser y seré siempre tu esclava. La cadena con que me has atado es más dura que el diamante, más poderosa que la muerte. Ames o no a Peridot, Peridot te amará con inmortal cariño.

Al decir esto, desató la cinta que sostenía los cabellos sobre su frente, y suspendió en ella dos pequeños discos de oro que antes estaban ligados a sus brazaletes por unas argollitas. Los discos podían unirse por medio de resortes. Arrancando luego de su peinado varias hojas de hiedra, las puso y encerró entre los discos, y ató la cinta de que pendían al cuello del rey Tihur.

—La hiedra —dijo— es símbolo de mi amor, de la fuerza que a ti me liga. Sea esta joya un talismán que te traiga venturas, que te preserve de males y que te recuerde mi afecto.

El rey prometió a Peridot llevar siempre sobre el pecho aquel talismán; y, si bien era poco aficionado a jurar, juró amarla con fidelidad, juró no amar a otra mujer más que a ella.

En estas y otras finezas y pláticas dulces se pasó toda la noche y sobrevino el alba.

Aún no hemos dicho en qué estación del año nos hallábamos. Bueno será decirlo ahora.

Era la primavera alegre; los pájaros gorjeaban y celebraban en sus no aprendidos cantos la luz del nuevo día, el cual anunciaba ser despejado y sereno; un airecillo fresco y suave movía las blandas y recién nacidas hojas de los árboles; un sutil aroma de flores y de búcaro o de tierra mojada por el rocío, subía hasta la estancia del rey.

El momento de despedirse de Peridot era llegado. La despedida fue tierna y dolorosa. Peridot lloró de nuevo, y faltó poco, muy poco, para que no se desprendiesen dos lágrimas de los ojos del rey Tihur.

Envuelta Peridot otra vez en su manto negro, volvió a estrechar al rey en un apretado y prolongado abrazo. Haciendo luego un esfuerzo, más bien como quien huye, que como quien se retira, se fue por la misma puerta por donde había entrado.

Solo ya el rey Tihur, dio fuertemente con el pie en el suelo, y se hirió la frente con la palma de la mano, como quien anhela cobrar ánimo y desechar vacilaciones y pensamientos que le embargan.

V

Me parece conveniente, a fin de no fatigar a los lectores, contar en brevísimo sumario, y sin entrar en pormenores inútiles, que el rey Tihur salió aquella misma mañana de Vesila-Tefeh con toda su comitiva. Cinco días caminó por medio de fértiles campos y atravesando populosas aldeas, donde sus vasallos le mostraban amor y sentimiento porque los dejaba. Al día sexto, ya el camino y los campos circunstantes empezaban a ser solitarios y estériles. Hubo, sin embargo, una pequeña población donde reposar aquella noche.

En todo este tiempo nada ocurrió que importe o interese a nuestra historia.

Al séptimo día, volvieron el rey y su séquito a emprender el viaje muy de mañana. Y ya declinaba el Sol hacia el ocaso, tiñendo de topacio y de púrpura el horizonte y rielando en las ondas del mar Caspio, no lejos de cuya orilla caminaban, cuando acertaron a divisar el río Djan-Deria, que, como un ancho listón de plata, cortaba la extensa llanura.

Por más que picaron a las caballerías y a las reses, no llegaron a la orilla del río hasta bien entrada la noche. Acamparon, pues, en la orilla, y esperaron el alba para pasar el río.

A fin de que los más pudiesen dormir seguros, vigilaban alternativamente de cuatro en cuatro los guerreros del rey Tihur, evitando toda sorpresa de fieras o de bandidos.

Al amanecer, al toque de una trompeta, los guerreros se pusieron de pie y empuñaron las armas; y los siervos y los pastores acudieron a prepararlo todo para el paso del río.

Pronto, con bien afiladas segures, cortaron multitud de álamos, chopos, mimbrones y sauces, de los cuales, entrelazados con cuerdas, que traían preparadas al efecto, formaron seis grandes balsas y las pusieron a flote. En una colocaron el carro del rey Tihur y sobre el carro subió el rey. Amrafel y doce de sus más bravos guerreros iban acompañándole en la misma balsa. En las cinco restantes se pusieron todas las vituallas y riquezas que habían traído a lomo las mulas. Para mover las balsas y hacerlas llegar a la otra orilla, aunque cediendo algo a la corriente, iban en cada una ocho o diez vigorosos esclavos que rompían el agua con largos remos. Además, las mulas más fuertes, atadas a las balsas, tiraban de ellas nadando.

El caballo del rey Tihur pasó también a nado, llevado del diestro por el escudero Samec. De la misma suerte se aventuraron a pasar otros seis guerreros, con las armas y las ropas de que se habían desnudado, puestas sobre sendas odres atadas a las colas de los caballos. Otros tantos esclavos, hábiles nadadores, iban asidos a las odres e impedían que se volcasen.

El río era por allí muy ancho, y la corriente rápida. Más de una hora tardaron en pasarle, llevados hacia el mar por el ímpetu del agua a más de media legua de distancia del punto de que habían salido. El mar distaba aún otra media legua del punto de desembarque.

Mientras pasaban, dijo Amrafel al rey Tihur:

—Bueno es, señor, que te apercibas. Presiento que nos aguarda un gran peligro al llegar a la otra orilla de este río. Tú no ignoras cuán perspicaz y penetrante es mi vista. Pues bien; entre aquellas enormes jaras, malezas y zarzales que el violento curso del río nos hace dejar a la izquierda, me ha parecido advertir un movimiento como de muchos hombres emboscados. Tal vez sean ladrones o piratas íberos y albaneses, que, desde las opuestas riberas del mar Caspio, a la falda del Caúcaso gigantesco, aportan a veces hasta nuestras playas en sus ligeras embarcaciones.

No pareció verosímil al rey Tihur esta suposición, ni fundado el recelo de Amrafel. Sin embargo, se preparó para cualquier evento, y fue el primero que saltó en tierra armado. Siguiéronle Amrafel y los doce guerreros que en la misma balsa venían.

Pronto estuvieron también desembarcadas las vituallas y las riquezas de las otras balsas, como también el caballo del rey y los seis guerreros que habían venido nadando.

El resto de las fuerzas del rey Tihur, las reses, los pastores y las acémilas, habían quedado en la opuesta orilla; pero lo más codiciable y precioso estaba con el rey Tihur.

Las malezas donde Amrafel había creído advertir el movimiento sospechoso, habían quedado muy distantes. Nada notaba que confirmase la sospecha.

El rey Tihur mandó a parte de su gente que volviese con las balsas a la opuesta orilla para traer a los que allí quedaban.

VI

En la orilla del Djan-Deria adonde había pasado el rey Tihur, la vegetación era más pobre que en la orilla opuesta. Las rojas y estériles arenas del Kizil-Cun, que el viento atraía por aquella parte hasta el mismo borde del río, quitaban toda lozanía y todo vigor productivo al terreno. Aquellas arenas se han ido extendiendo hacia el Norte con el andar del tiempo, y han hecho cambiar de cauce al Djan-Deria no pocas veces.

En la época de nuestra historia ya he dicho que el Djan-Deria estaba en su desembocadura a unas cincuenta leguas del Sir y de Vesila-Tefeh. El desierto de Kizil-Cun allí mismo empezaba.

Con todo, hasta donde las aguas y el limo fecundante del Djan-Deria solían llegar en las mayores avenidas, había hierbas y plantas, verdes y floridas entonces por ser el mejor momento de la primavera.

En torno del sitio donde el rey Tihur había desembarcado crecían juncos y espadañas, olorosa retama o gayomba, cubierta entonces de sus flores amarillas, y algunos espinos, tarajes y enebros raquíticos.

A cierta distancia, hacia la izquierda, el suelo parecía ser menos infecundo, y se alzaba el bosquecillo o matorral donde Amrafel habría creído percibir el movimiento de gente emboscada.

No bien se alargaba la vista a cien pasos del río, la vegetación desaparecía casi por completo, y apenas se veía sino un llano extensísimo, un mar de arena roja, cuya monotonía solo alteraban las dunas o montecillos que solía formar la misma arena movediza.

A pesar de la tristeza de este paisaje, el aire sereno y puro, el cielo azul y diáfano, el Sol que vertía sus rayos espléndidos, alegrando la tierra y dorando el ambiente, y algunas aves como mirlos y alondras, que cantaban entre las matas, daban cierto encanto agreste a aquel lugar solitario, si bien no pocos grajos y cornejas, que se levantaban a bandadas y volaban hacia el desierto, parecían anunciar con sus siniestros graznidos las fatigas y los trabajos que aguardaban allí a nuestros caminantes.

Los dos perros que el rey Tihur había traído empezaron a ladrar como sobresaltados y a correr husmeando entre los juncos y retamas.

El rey, en vez de subir en el carro, había montado a caballo, pues a caballo se proponía hacer todas las jornadas del arenoso desierto. Llevaba el rey en la cabeza un yelmo en forma de tiara recta o cilíndrica, todo él de bronce bruñido y refulgente. Dos alas, caídas a los lados, le cubrían y defendían las sienes y orejas. Vestía una túnica que llegaba a mitad del muslo, toda de piel de cabra o de estezado, en el cual estaban sobrepuestas infinitas escamas, de bronce también, que formaban una vistosa y fuerte armadura. Los borceguíes y el talabarte eran de cuero rojo. Del talabarte pendían un rico puñal con puño de marfil, que representaba una serpiente, y una espada ancha, grande, pesada y terrible, cuyo puño era de oro, obra de labor pasmosa, donde un sabio artífice ninivita se había esmerado y lucido al figurar un león que estrechaba entre sus garras una gacela. La aljaba, llena de acicaladas flechas de largos y flexibles juncos y el arco poderoso, que pocos hombres de entonces y mucho menos de ahora tendrían fuerza para manejar, iban pendientes a la espalda. Las grevas eran asimismo de estezado, revestidas de escamas como la túnica, y ajustadas al tobillo, por cima de los borceguíes, con broches de oro primorosos. Cubrían, por último, los muslos del rey, y llegaban hasta por bajo de las rodillas, unos calzones anchos de lana, que usaron los pueblos del Norte del Asia, según Heródoto, y que los griegos y romanos designaron con el nombre de sarabaras.

Amrafel, a caballo al lado del rey, no vestía ya su traje áulico, sino un traje militar, casi idéntico al del rey, aunque menos rico. Del mismo modo iban los guerreros de la escolta. Sin embargo, en vez del yelmo, en forma de tiara recta, que ornaba la cabeza del rey, tenían capacetes cónicos, sin cresta ni penacho. Todos, por último, llevaban rodelas, y para guarecerse del frío, capas, mantos, o como quieran llamarse, que cuando no se abrigaban con ellos, iban suspendidos a las ancas de los caballos.

Todos los objetos que habían venido a lomo de las mulas y pasado el río en las balsas, estaban amontonados en la orilla. El rey, Amrafel y los dieciocho guerreros, que ya también habían pasado, formaban un lucido, aunque pequeño, escuadrón, y aguardaban a pie firme a que el resto de la caravana pasase.

Las balsas en tanto se alejaron de la orilla del Sur y se encaminaron lentamente a la otra en busca de los que allí quedaban.

Amrafel casi había ya perdido el recelo de un mal encuentro, cuando los perros ladraron otra vez con más ahínco y furor que en un principio. Oyóse entonces un silbido agudo, y cual si fuera convenida señal, vieron el rey y su gente una nube de flechas y de piedras que caían sobre ellos.

—Son bandidos de Iberia y de Albania, como yo me temía —dijo Amrafel al rey.

En efecto, de entre los juncos y retamas por donde habían venido recatandose, acababan de salir como unos cincuenta hombres, que con arcos y hondas, a una distancia de mucho más de cien varas, hicieron aquel disparo. Los bandidos vestían trajes de pieles y cubrían las cabezas con sombreros de fieltro, semejantes a los que usaron en Roma los gladiadores tracios. Una pluma de águila adornaba la punta de cada sombrero. El aspecto de los bandidos era feroz y bárbaro.

—¡A ellos! —exclamó el rey Tihur, y lanzó su caballo a galope.

Amrafel, Samec y los demás le seguían.

Las primeras flechas y piedras no habían herido a ninguno de los vesilianos, los cuales, cubiertos con las rodelas y defendidos por sus armaduras, avanzaban hacia el enemigo. El disparar de las flechas y de las piedras no cesaba un instante; pero Tihur y los suyos no tiraban flechas, sino que con las espadas desnudas iban a dar caza a los bandidos.

Como éstos vieron a los caballos a menos de treinta pasos, dispararon con más tino que nunca, y al punto se pusieron en fuga. A Amrafel le deshizo una enorme piedra parte de la armadura de un hombro. Al rey le tocaron dos flechas, y una se rompió en la rodela, y otra se embotó en las sarabaras. Tres caballos, atravesados por otras tantas flechas, cayeron muertos a poco, haciendo rodar en el polvo a sus jinetes.

En aquel momento, la gente de Vesila-Tefeh se hallaba ya en el mismo lugar donde los bandidos se habían mostrado. Los bandidos, huyendo, habíanse puesto a bastante distancia.

Al caer muertos los tres caballos, pararon un instante los demás del escuadrón. Entonces resonó, a un paso de donde estaban, un alarido salvaje, y de un lado y otro, de entre el taraje y la maleza, salieron de improviso otros treinta o cuarenta bandidos que allí estaban en acecho. Unos traían largos escudos cuadrangulares y convexos; otros, el brazo izquierdo envuelto en un paño que les servía de escudo; todos empuñaban cuchillos corvos, con el filo hacia dentro y con aguzada punta, semejante en la forma a los colmillos de jabalí. Era el arma que usaron posteriormente los tracios y otros pueblos bárbaros del Norte. Los romanos la llamaron sica, de donde proviene el nombre de sicario. Agachándose con esta arma, el que sabía manejarla asestaba a su contrario el golpe de abajo a arriba, a fin de abrirle el vientre.

El rey Tihur, con más rapidez que lo que podemos tardar en decirlo, comprendió el gravísimo peligro en que se hallaba. El y los suyos estaban cercados de enemigos. Los que habían ido huyendo, para traerlos hasta aquel sitio, iban también a caer sobre ellos. Aguardar a caballo a los bandidos, que se deslizarían y meterían hasta entre las piernas de los caballos y los matarían con sus terribles cuchillos, era exponerse a morir sin gloria y sin completa venganza. Abrirse camino por entre los bandidos y salir a escape de aquel trance, no era difícil, pero era deslucidísimo. Para el rey Tihur era insufrible la idea sola de huir ante aquellos miserables. Parecíale ver a todos sus gloriosos antepasados, a todos los espíritus de los héroes de su estirpe, empezando por el ilustre Cayumor, que se levantaban airados a fin de atajarle en la fuga. Creía oír las voces de todos ellos que le gritaban:

—Es preferible la muerte.

Todo este razonamiento fue instantáneo; pasó veloz como un relámpago por la mente del rey Tihur. Pasó tan veloz, que los bandidos que no tenían más que dar un salto para estar encima, no le habían dado aún, cuando el rey Tihur exclamó con voz serena e imperativa:

—¡Todos a pie, agrupados en torno mío!

No había terminado de pronunciar estas palabras, cuando ya estaba pie a tierra. Golpeó entonces de plano con la espada en la grupa de su caballo y el caballo dio dos o tres botes y saltó por medio de los sicarios, derribando a dos que se le opusieron y no lograron herirle. Amrafel y los demás de la banda del rey hicieron lo mismo con prontitud maravillosa. Sueltos los caballos todos, se lanzaron a galope hacia el punto, en la orilla del río, donde las vituallas y riquezas, el carro, las zebras y algunas mulas estaban bajo la custodia de ocho esclavos, excelentes flecheros.

Algunos, aunque pocos bandidos, se dirigieron en pos de los caballos; pero los ocho esclavos acababan de levantar con los sacos o cargas una especie de parapeto, y desde allí, resguardados, disparaban sus flechas. Cuatro bandidos cayeron mal heridos por ellas; otros seis o siete se volvieron adonde estaban sus camaradas, que ya combatían contra el rey Tihur.

Éste había colocado rápidamente a sus compañeros en una sola línea, quedándose él en medio. A su derecha Amrafel, Samec a su izquierda. La línea se doblaba o formaba un ángulo, en cuyo vértice estaba el rey. Los lados del ángulo ya se abrían, ya se cerraban hasta juntarse, según lo requerían los accidentes de la batalla. Así presentaban siempre la cara al enemigo, el cual no podía herirlos ni por la espalda ni por los costados.

De los tres guerreros que habían caído al caer sus caballos muertos, dos habían logrado salvarse, y habían venido a ser parte en aquella formación. El otro, cogida una pierna bajo el cuerpo del caballo, no tuvo tiempo para levantarse, y estando caído, uno de los bandidos le segó la garganta.

Lo más recio de la pelea era en el vértice del ángulo, donde estaba el rey. Por ambos lados se precipitaban sobre él los sicarios. Cuando paraba Tihur un golpe por un lado, por el opuesto le descargaban otro golpe. Éstos le tiraban a la cara; aquéllos, en tanto, se bajaban y pugnaban por herirle en el vientre. Tihur se defendía y ofendía con esfuerzo incansable y ligereza sobrehumana. A tres había ya derribado de otras tantas cuchilladas. El macizo y artístico puño de oro de su espada tremenda se había hundido ya en el cráneo de otros dos, que agachados, habían venido a herirle. El puño de su espada y su homicida diestra ponían grima con la sangre y las vísceras trituradas.

El ataque primero de los bandidos duró dos o tres minutos. Este tiempo bastó para que, según hemos dicho, el rey pusiese a cinco fuera de combate. Amrafel, Samec y los demás guerreros habían muerto o herido a otros seis. Solo dos de los guerreros vesilianos habían perecido; el que cayó con la pierna bajo el caballo, y otro en la formación, junto a Samec. Uno de los bandidos, poniéndose de rodillas delante de él, y antes de que acudiera a defenderse, le rasgó el vientre con el cuchillo, destrozándole y sacándole las entrañas.

Sin embargo, las dos hileras de los vesilianos parecían un muro de bronce, que se movía sin romperse y daba la muerte a cuantos a él se acercaban.

Los bandidos, rechazados, retrocedieron, exhalando gritos roncos como el rugir de las fieras, y pronunciando palabras bárbaras e incomprensibles para los de Vesila-Tefeh. El ángulo que éstos formaban, se abrió entonces hasta reducirse a una sola línea, la cual se adelantó sin deshacerse hacia los fugitivos.

Los bandidos, que se habían retirado después de tirar las flechas para atraer a la emboscada a los guerreros del rey Tihur, habían vuelto durante la corta lucha que hemos descrito, y estaban ya a pocos pasos.

Los vio Tihur con mirada de águila, y en el momento en que dispararon, ordenó a su gente que cejase, formando el ángulo de nuevo. La descarga apenas halló blanco en que dar. Solo sobre las rodelas de Tihur, de Amrafel y de Samec, vino a chocar con estruendo una granizada de flechas y de piedras.

Al ver los de los cuchillos o sicas que sus compañeros, con los arcos y hondas, les daban tan oportuno auxilio, arremetieron otra vez a los vesilianos con brío descomunal y con furioso ímpetu. Otros dos guerreros de Tihur cayeron muertos en este segundo ataque; pero también murieron los matadores. Las sombras de los guerreros vesilianos no quedaron inultas.

En silencio admirable, sin una voz, sin una queja, sin una imprecación, seguían todos combatiendo. Los sicarios acudían más que sobre ningún otro sobre el rey Tihur; pero Samec y Amrafel combatían a su lado, y le ayudaban a rechazar al enemigo. Tihur, con todo, se vio en un momento acometido por tal turba, que apenas tenía vagar sino para herir con la espada y parar las puñaladas con la rodela de triple cuero de buey y doble plancha de bronce. Estando en esta lucha con los del cuchillo, los arqueros y honderos no cesaban de disparar. Distraído el rey Tihur, no pudo precaverse ni presentar el escudo contra una piedra enorme, que disparada de muy cerca con mano robusta y certera, partió zumbando de la honda, y vino a dar de lleno en la refulgente tiara, abollando el limpio bronce de que estaba hecha, y desligándola de las carrilleras que la sostenían. La tiara rodó por el suelo, y la cabeza del Rey quedó desnuda, brillando al Sol, más que el bronce de las armas, su lustrosa y luenga cabellera rubia.

No quedó gota de sangre en las venas y arterias del rey Tihur que no sirviese entonces de ira. En aquella ofensa hecha a su persona sagrada, vio el Rey una ofensa hecha a toda la raza divina de que descendía. Los manes todos de los reyes gloriosos de Ariana Vaega o tenían que ayudarle en tan espantosa cuita o le renegaban por descendiente. El rey Tihur creyó sentir entonces que penetraban en su ser, y llegaban filtrándose hasta su corazón los espíritus de los héroes de su raza, infundiéndole un ánimo sobrenatural y un coraje indómito.

—No ha de quedar bandido vivo —exclamó—. Es menester que todos mueran. Yo solo basto a matarlos. Sus viles cuchillos no llegarán a tocarme. No es posible, ¡oh Cayumor!, que tú consientas en que muera tu nieto a manos de ladrones.

Diciendo estas palabras, se pensaría que el rey Tihur hábíase transfigurado; que un fuego aterrador brotaba de sus ojos, que un nimbo deslumbrante, que una llama eléctrica ardía en torno de sus sienes, alzándose larga y horrible sobre la desnuda cabeza. Todos los guerreros del rey Tihur imaginaron ver o vieron en realidad, aquella portentosa llama, efecto acaso de los espíritus; obra tal vez de un magnetismo extraordinario, ingénito y propio de aquella naturaleza privilegiada, exaltada entonces por una pasión inmensa y vehemente. El ardor de aquella llama encendió los corazones de los guerreros del rey Tihur. La fuerza y el aliento de cada uno de ellos redoblaron desde aquel instante.

Y sin duda, un prodigio era necesario para poder salvarse de los bandidos. A pesar de los muertos, la malvada tropa se había aumentado con muchos de los arqueros y honderos, los cuales, juntos ya con los otros, habían también puesto mano al cuchillo y cargaban desesperadamente sobre Tihur y los suyos, brincando como panteras o arrastrándose como serpientes.

El Rey, Amrafel, Samec, cada uno de los guerreros vesilianos dio muerte por lo menos a un bandido en aquella feroz pelea; pero también mordieron el polvo cinco vesilianos más.

Por tercera o cuarta vez retrocedían llenos de terror los bandidos, cuando los arqueros y honderos todos, sin que faltase uno, vinieron a reforzarlos. También el rey Tihur tuvo un pequeño refuerzo. Los ocho esclavos, abandonando los sacos, las mulas, el carro y los demás objetos, llegaron en su socorro. La última lucha, más recia, más cruda, más desesperada que las anteriores se emprendió ya sin que nadie combatiese desde lejos, sino cerrando unos contra otros con sed de morir o matar.

Los bandidos caían muertos o heridos, pero su número era seis veces mayor que el de los vesilianos, y éstos empezaron a perder terreno, aunque sin abandonar la formación ni emprender la fuga.

Es cierto que el que hubiera emprendido la fuga hubiera muerto al punto. Con el peso de las armas nunca hubiera podido sustraerse a sus ligeros perseguidores. Aun así, aun conservando la serenidad, el orden y la formación prescripta, pronto murieron dos guerreros más de los vesilianos y dos de los esclavos que habían acudido a socorrerlos. Quedaban solo el Rey Tihur, Amrafel, Samec, siete guerreros de la guardia y seis esclavos. Trece de los del rey Tihur habían ya perecido.

Los que habían quedado en la orilla opuesta venían navegando en las balsas, veían la lucha desigual y ansiaban llegar en auxilio del rey; pero la corriente los alejaba del combate y dilataba el tiempo de tocar el borde Sur del Djan-Deria, donde el combate ocurría.

A milagro pudiera atribuirse que el rey Tihur, más atacado que ninguno otro, se conservase aún incólume, sin herida ni lesión alguna. Tal vez su mirada tenía fuerza de matar como la mirada del basilisco; tal vez el resplandor de sus ojos turbaba, aterraba, cegaba a sus contrarios; tal vez su majestad tranquila y como celeste, en medio de aquel sangriento tumulto, les hacía perder el tino.

Con todo, el capitán de los bandidos, o el que parecía serlo como el más audaz y más diestro de todos, se arrojó tan súbito sobre el rey Tihur, que éste no tuvo tiempo de herirle con la espada, ni de contenerle con la rodela. El bandido, soltando el escudo, echó el brazo izquierdo al cuello del rey Tihur, le hizo vacilar sobre sus piernas robustas y estuvo a punto de derribarle. Al propio tiempo, y con no vista presteza, le tiró a la garganta una puñalada con toda la pujanza y el encono de que era capaz. Por dicha, el rey Tihur, aunque cedió un instante a la fuerza de aquel bárbaro, e inclinó la cabeza de suerte que la garganta estuvo a punto de que en ella se clavase el cuchillo, todavía se repuso y echó el cuerpo atrás en ocasión que el cuchillo del caucasiano vino a herirle. El cuchillo, en vez de dar en la garganta descubierta, dio con tal violencia en el pecho del rey, que, rompiendo y destrozando varias de las escamas de bronce, resbaló y llegó a clavarse en un costado. La noble sangre de los héroes del primitivo imperio de Ariana-Vaega y de los reyes de Escitia brotó impetuosa por la herida; pero, casi simultáneamente, el rey Tihur, dio con el pomo áureo de su espada tan rudo golpe en el hombro izquierdo de su contrario, que le volcó de espaldas sobre la dura tierra. Un ruido temeroso hizo aquel bárbaro al caer, como el ruido que hace un roble fortísimo cuando el huracán lo arranca de cuajo y le derrumba. Antes de que el bárbaro pudiera levantarse vino sobre él Tihur, con la celeridad del rayo, y con el tacón de bronce de su coturno le acertó tan certera y violentamente en una sién, que la machacó y aplastó como quien aplasta una víbora.

Muerto ya el capitán de los bandidos todos iban a desbandarse y a emprender la fuga; pero una nube sombría cubrió los ojos del rey Tihur, y hubiera caído desmayado al suelo, con la pérdida de la sangre, si Amrafel no hubiese acudido a sostenerle en sus brazos.

Los bandidos, al ver que el rey caía, recobraron el aliento y se revolvieron contra él y contra Amrafel. Los vesilianos cercaron al rey para defenderle hasta morir.

Toda esperanza parecía ya locura o sueño. Amrafel, Samec y los otros vesilianos tenían la perdición por segura e inminente. No les quedaba otro recurso ni otro consuelo que vender caras sus vidas y morir matando.

El rey Tihur no había perdido el sentido, aunque sí la voz y las fuerzas. No hablaba ni combatía, pero pensaba.

Un pensamiento, tan generoso como amargo, se fijó entonces en su mente causándole más dolor que la herida. Todos aquellos hombres, sus amigos, sus leales servidores, iban a morir o habían muerto ya por su culpa, por un capricho suyo.

Quizás hallen anacrónico mis lectores este pensamiento, o mejor dicho, este sentimiento filantrópico del rey Tihur; pero créanme, no hay ni ha habido jamás anacronismo en esto de sentimientos. Y así como hoy, en pleno siglo XIX, hay reyes que ven posibles que mueran millares y millares de hombres por su culpa, bien pudo haber entonces un rey tan humano que se afligiese de que unos pocos muriesen por él. Ello es, que Tihur no lamentó su herida ni su posible muerte, sino las heridas y la muerte de los otros, y no consideró que en su época era indispensable exponerse a casos tan crueles, o permanecer siempre sin salir del alcázar.

Entretanto, la misma energía de aquel sentimiento de piedad hacia sus compañeros fue como un bálsamo en la herida, e hizo que el rey Tihur se recobrase un poco. Desprendióse de los brazos de Amrafel y le dijo:

—Defiéndete y déjame.

A pesar de la sangre que perdía, Tihur no soltó ni el escudo ni la espada y quedó en pie, después de apartarse de los brazos de su favorito, pero quedó retraído e inerte.

Delante de él combatían Amrafel, Samec y los demás guerreros. Los bandidos, sin embargo, les obligaban a cejar y a irse retirando, aunque sin poder romper fila. El rey cejaba, harto a disgusto, y a pesar de lo débil que se sentía, entraba ya en deseo de volver a ponerse delante y de pelear como los otros, o más que los otros.

Solicitado por este deseo y por la contraria convicción de la debilidad que le aquejaba, alzó las manos al cielo y evocó con fe profunda los espíritus de sus mayores.

De repente, y como si fuera en respuesta de su evocación, silbó una flecha que vino a clavarse en el pecho de uno de los bandidos y le hizo caer enseguida al suelo revolcándose en su sangre; un instante después silbó otra flecha y mató a otro bandido. La tercera y la cuarta flecha no tardaron en llegar, causando idéntico destrozo. Quizás una sombra inteligente, un espíritu invisible las disparaba.

Así los bandidos como los guerreros vesilianos atribuyeron a prodigio aquella inesperada intervención. Los guerreros vesilianos volvieron a confiar en la fortuna y pelearon con más denuedo.

Entonces apareció a deshora el arquero diestro y milagroso. Salió de entre las matas cercanas como si del centro de la tierra saliese. Una extraña hermosura resplandecía en todo su ser. Su mirada era dulce y zahareña al propio tiempo. Sus negros ojos eran suaves y terribles, como si a la vez anidasen en ellos el amor y la muerte. Su traje era casi igual al de los guerreros vesilianos, solo que, en vez de capacete llevaba un gorro colorado en la cabeza. Su talle era esbelto y gallardo; su estatura elevada; marcial su apostura y su rostro bello y juvenil; negra y sedosa la barba; la tez morena y todo él agraciado, noble y simpático. Sus cabellos le caían en rizos sobre la espalda.

Con rápidos pasos vino a lanzarse sobre los bandidos. Mientras caminaba, echó a la espalda el arco y sacó de la vaina la espada y el puñal, armadas así ambas manos y sin escudo. Al mismo tiempo, y arrojándose ya sobre los bandidos, dijo con voz sonora, en el mismo lenguaje ariano que hablaba el rey Tihur.

—El cielo te protege, ¡oh, rey Tihur! y me envía aquí para que te salve. ¡Sus y a ellos, oh valeroso Amrafel! ¡Oh fuerte y leal Samec! ¡Oh, vosotros, clarísimos vesilianos!

Al oírse nombrar por aquel desconocido, se corroboraron todos en creer su celestial o sobrenatural procedencia. Solo se atrevió a contestarle Tihur:

—¡Bien venido seas y bendito! Tú eres sin duda un ized, un genio, un enviado de Ahura-Mazda.

Aún no había terminado el rey esta frase, cuando ya el desconocido, en medio de los bandoleros, revolviéndose a un lado y a otro, e hiriendo y parando a la vez con la espada y el puñal, causaba más estragos y muertes que un fiero león en un rebaño de tímidas ovejas.

Los bandidos, aterrados, se pusieron pronto en precipitada fuga, en dirección hacia el mar, donde estaban, sin duda, los barcos en que habían venido, junto a la desembocadura del Djan-Deria; pero el resto de la caravana del rey Tihur acababa de desembarcar y les cortó la retirada.

En tanto, el desconocido, el rey Tihur, a pesar de su herida, y todos los guerreros vesilianos, empuñaron los arcos y acosaron e hirieron con sus flechas a los que huían. Hasta los perros, que habían estado medrosos e inertes durante la refriega, y solo cuando fue herido el rey Tihur habían dado muestras de sí, prorrumpieron en lastimeros aullidos, cobraron valor entonces, y ladrando y corriendo, como en la caza, se pusieron a perseguir a los bandoleros.

El dicho del rey Tihur casi vino a cumplirse.

—No ha de quedar ninguno vivo —había dicho—, y efectivamente, parecía que no había quedado vivo ni uno solo. Aun los que trataron de esconderse entre la maleza fueron descubiertos por los perros y muertos a flechazos o a cuchilladas por los vesilianos.

VII

Todavía andaban los guerreros vesilianos dando caza a los fugitivos ladrones cuando el rey Tihur, conducido en brazos de Amrafel y de Samec, había llegado a la orilla del río, donde estaban los sacos y cargas.

Allí, extendido en un lecho que le habían preparado al aire libre, porque las tiendas estaban aún por desembarcar, el rey se dejó curar la herida por Amrafel, que era hombre docto en aquel arte. Amrafel conoció al punto que la herida, aunque ancha, era poco profunda y nada grave ni peligrosa.

El Puñal había resbalado en vez de ahondar, y había dejado ilesa toda entraña. La causa del desmayo del Rey había sido la gran pérdida de sangre, aumentada por los esfuerzos que hizo combatiendo después de herido.

Un personaje singular estaba al lado de Amrafel y le ayudaba en la cura. Nadie había reparado, durante la batalla en aquel personaje que, sin embargo, se había mostrado en pos del guerrero desconocido; pero, fijas en éste todas las miradas y la atención toda, no había sido vista una vieja, alta y delgada hasta el extremo de asemejar a un esqueleto, la cual seguía al guerrero misterioso.

En el momento de ir a curar la herida al rey, la vieja se ofreció a hacerlo, jactándose de su ciencia. El guerrero misterioso aseguró que de ella podían fiarse.

Iba la vieja con una ropa talar desgarrada, pero que se conocía haber sido rica y elegante. Un manto negro de lana le cubría la espalda, prendido al hombro por un broche dorado. Sus cabellos, blancos como la plata, aunque sostenidos en parte por un cordón, dejaban flotar muchos mechones en desorden y a merced del viento. Sus manos eran tan flacas y tan descarnados los dedos, que parecían transparentes. Sus ojos, pequeños y vivos, lanzaban de sí miradas escudriñadoras; su nariz era aguileña y fina; su boca, sumida y sin dientes, mostraba los colmillos afilados y largos, que asomaban por entre los labios sutiles y fruncidos. Llevaba la vieja un zurrón ancho de piel de tejón, atado al cinto sobre la cadera, y en la diestra un báculo, que más que para apoyarse, aparentaba ser signo de autoridad y dominio, o vara mágica y de virtudes. La vieja andaba a grandes pasos, firme y derecha como una moza de veinte primaveras, o más bien como un granadero prusiano de nuestros días, que esté muy ducho en lo que llaman la marcha gimnástica.

En suma, todo el continente de la vieja era raro por demás, y hubiera podido servir de modelo a un hábil artista para pintar o esculpir la Sibila pérsica o la Sibila eritrea.

Mientras duró la operación de curar la herida, la vieja hizo visajes y signos con las manos, y murmuró o rezó en voz sumisa ensalmos ininteligibles. De su zurrón sacó hierbas para restañar la sangre, que Amrafel reconoció, aceptó y aplicó.

Y por último, cubierta ya y vendada la herida, la vieja dio al rey un licor, también con permiso y beneplácito de Amrafel, el cual licor infundió en el rey un sueño grato y delicioso.

Cuando el rey despertó del sueño, se sintió tan aliviado y fortalecido, que pensó en continuar la peregrinación al día siguiente. Ni Amrafel ni la vieja se opusieron, con tal de que fuese el rey en el carro y no a caballo.

Durante la cura terminó la persecución y exterminio de los ladrones y se acabó de poner en tierra cuanto habían dejado en las balsas los últimos que pasaron el río, a fin de acudir con más presteza al lugar del combate.

Guerreros, esclavos, caballos y acémilas, todo, en suma, se reunió en el mismo lugar. Allí se desplegaron las tiendas y se formó el campamento para reposar aquella noche.

Una comida abundante restauró las fuerzas de todos.

Después de la comida, el rey Tihur llamó a su tienda al guerrero desconocido y estando a solas con él le habló de esta manera:

—Valeroso joven, tú me has salvado hoy de una muerte vergonzosa. Mi gratitud será eterna. Díme quién eres para que sepa yo a quién estoy tan obligado.

—Mi nombre, ilustre príncipe, es Tidal.

—Sin duda —añadió el rey—, que eres de sangre de héroes; de antigua y clara estirpe. No parece que guarde tan soberano esfuerzo el corazón de un hombre plebeyo y oscuro.

—En verdad —replicó Tidal—, yo me inclino a creer, como tú, que la grandeza de ánimo y la virtud se heredan. De esta suerte se explica que los hombres todos se mejoren, añadiendo los que nacen después a la nobleza heredada de otros la por ellos adquirida. Si nada heredásemos, si ninguna virtud se trasmitiese por herencia y con la sangre, los hombres de hoy no valdrían más que los de ayer, ni jamás ganaría nada el humano linaje, como yo entiendo que gana. Así, pues, no atribuyo a preocupación de casta tu idea de que debo ser noble de nacimiento, porque me he mostrado fuerte de cuerpo y de alma. Sin embargo, la ley no es general. Castas hay que degeneran y otras que se levantan y magnifican. La virtud que en una familia ilustre se extingue y se pierde, renace en otra familia. Tal vez esta virtud, trasmitida por algún héroe, progenitor mío, ha estado latente u oscurecida largo tiempo por la bajeza en que había caído mi familia, o por otras causas que no acierto a exponer, y ahora renace en mí; que no tengo nombre, ni antecedente, ni gloria heredada. Yo, rey Tihur, no soy más que un humilde mercader, hijo de otro mercader humilde.

—¿Eres iraniense o escita, o de qué raza o nación eres? Yo me complazco en suponer y supongo que eres escita por la perfección con que te oigo hablar mi idioma.

—Ignoro si soy o si puedo decir que soy escita o iraniense; pero creo que soy ario. Nací y me crié en Nimrud, a las orillas del río Tigris. Mi padre y mi madre de familia ariana ambos, vivían allí sujetos al dominio de los caldeos-cushitas. Por las conquistas de los hijos de Asur y del poderoso Nino, no consiguieron más que mudar de amo. Antes de salir de la niñez me quedé huérfano de padre y madre. Un fiel servidor cuidó de mí y de mi hacienda hasta que tuve dieciocho años. Entonces aquel fiel servidor me hizo dueño de todos mis bienes, que consistían en un gran tesoro de piedras y metales preciosos, y me dijo que mi destino era cumplir grandes cosas, recorrer muchas tierras y vagar por todo el mundo, hasta que hallase la ocasión propicia de llevar a dichoso fin la gloriosa empresa que por el cielo me estaba encomendada.

—¿Y no te designó esa empresa?

—No me la designó. O lo ignoraba él mismo, o entendía que los decretos de la Providencia no habían de cumplirse sino a condición de que yo los ignorase hasta un momento dado.

—¿No marcó tu ayo ese momento?

—Le marcó y no le marcó. Aquí hay algo que no me es lícito revelar: juré no revelarlo nunca. Solo puedo decirte que en una cajita cerrada, que llevo siempre oculta en el cinto, y que solo debo abrir cuando aparezcan ciertas señales, hay un escrito que me dará luz sobre todo. Mi propio ayo ignoraba lo que la cajita contenía. Mi Padre se la dio con el encargo de entregármela y yo la guardo siempre conmigo.

—¿Y no recuerdas a tu padre ni a tu madre?

—Apenas conservo de ellos una idea confusa. Los dos, como te dije, murieron siendo yo muy niño.

—Singular es de veras cuanto me refieres. Sospecho que tu padre, bajo el título de mercader, encubría otra condición más alta.

—No me parece eso posible. Los ciudadanos de Nimrud, con quienes he hablado, y que conocían a mi padre, nunca me dijeron de él ni de mi familia nada de extraño o misterioso.

—Más extraño es eso todavía. Y dime ¿tu ayo no te aconsejó nada al hacerte entrega de tus bienes?

—Me aconsejó calma y paciencia; me aconsejó no dejarme arrastrar por la curiosidad, ni tratar de averiguar nada sobre mi futuro destino, hasta que la suerte misma dispusiese la revelación. Me repitió mil veces que yo no era más que un mercader; que como un mercader debía considerarme, y que solo me ordenaba, en nombre de mi padre, que abandonase a Nimrud y recorriese el mundo.

—¿Y sobre tu conducta en el comercio no te dio instrucciones?

—Mi ayo era gran conocedor de los pueblos diversos, de los países más distantes, de sus artes, de sus ciencias y de sus productos; y sobre todo esto, me enseñó cuanto sabía: pero había en él algo entre inspiración locura, aunque yo no atino a veces a distinguir la locura de la inspiración, y sobre ciertos puntos me dio consejos muy opuestos a los que suelen y parece que deben darse a la gente moza.

—¿Que te aconsejaba, pues, si te es permitido declararlo?

—En vez de parcidad me aconsejaba largueza y magnificencia. Mis tesoros los juzgaba inagotables, y suponía, además, que yo había de ganar más mientras más gastase, y que había de recobrarlo todo con creces cuando llegase a perderlo todo.

—Extraña manera fue de aconsejar a un mancebo, por lo común inclinado a ser pródigo.

—Yo fuí espléndido, pero no llegué jamás a la prodigalidad. Por otra parte la suerte me ha favorecido hasta ahora. He peregrinado por casi toda el Asia; he visto las islas del mar del Sur y la India, el Yemen y el Adramaut, el antiquísimo Egipto y la Libia ardiente. Sería prolijo referirte mis aventuras. Solo importa saber que, a pesar de cuanto he gastado tengo en lugar seguro un tesoro riquísimo. Creo, además, sin jactancia, que he adquirido en mis peregrinaciones una experiencia muy superior a mi edad.

—¿Qué ha sido de tu ayo, entretanto?

—Mi ayo era ya viejo, y durante mi larga ausencia de Nimrud, he sabido que pagó el tributo que debemos pagar todos a la Naturaleza, más tarde o más temprano.

—Tu persona, tu vida, ese misterio de tu destino me interesan tanto, ¡Oh Tidal!, que a trueque de pasar por sobrado curioso y exigente, te ruego me digas si el anciano que te sirvió de ayo te descubrió alguna otra cosa.

—Nada más me descubrió, sino un nombre que me dijo podría yo llevar cuando me le diesen muchos hombres reunidos. Entretanto, a nadie debo declarar este nombre. Me dio asimismo un sobrenombre, apodo o alcuña, que no debo divulgar tampoco, pero que puedo confiar con el mayor sigilo, si quiero dar a una persona la mayor prueba de amistad y de confianza. Esta alcuña voy a decírtela. Por ella, rey Tihur, si no me desdeñas, quiero ligarme a ti con los lazos más amistosos. Según me dijo el anciano, con la persona a quien yo declarase esta alcuña, me unía voluntariamente como si fuese mi hermano. En la persona que me dijese al oído dicho nombre y dicho apodo, debía yo depositar por fuerza una confianza sin límites.

—Yo jamás podré desdeñarte —replicó el rey—, y tu amistad será el mayor bien para mí. Reflexiona antes con todo, si crees que la merezco, y no procedas de ligero revelándome esa alcuña.

—No procedo de ligero. Cedo, al confiarme a ti, a una inclinación irresistible, a una viva simpatía, y aun a algo parecido a un mandato.

—¿Acaso tu anciano tutor te habló de mí alguna vez?

—Nunca. Ha sido otra persona quien me ha aconsejado que te de esta prueba de confianza.

—¿Y cuándo te dieron el consejo?

—Hoy mismo.

—¿Quién?

—La vieja extraña que me acompañaba.

—¿La conoces tú desde hace mucho tiempo?

—Pocos días ha que la conozco y ni siquiera sé su nombre; pero ella tal vez; por el arte mágico que posee, sabe el mío secretísimo y sabe también mi apodo. Escucha en breves razones los más recientes sucesos de mi vida. Por ellos comprenderás cómo pude venir tan en sazón a socorrerte. Mi afán de ver mundo me movió a comprar una nave de treinta remeros que cargué de preciosas mercancías, que tripulé en el país de los cadusios, y en la que embarqué en el Araxes, con intento de salir al mar Caspio y venir a Vesila-Tefeh, donde pensaba emplear en pieles ricas, y visitar y conocer la capital de tus dominios. Para no cansarte con extensos pormenores, te diré, en resumen, que en esta ocasión me faltó mi acostumbrada prudencia. Los marineros que venían conmigo se habían concertado con piratas iberos y albaneses. Me sorprendieron dormido; mataron a tres servidores que hicieron resistencia; se apoderaron de cuanto yo traía, y me ataron con cuerdas los pies y las manos. Hecha esta presa, querían volver los piratas a sus guaridas de Albania, pero se levantó una tempestad furiosa que trajo nuestras naves a la costa de tu reino. Sabía el capitán la lengua escita, y se aventuró con otros dos, que también la sabían, a saltar en tierra, disfrazados, para explorar el país y ver dónde y cómo podría dar un buen golpe. En los campos fértiles y en las pobladas aldeas del Norte de Djan-Deria, supo que venías tú de camino para Bactra; supo el número de guerreros y las riquezas que traías, y dispuso salirte al encuentro, no con sus embarcaciones al pasar el río, porque calculó que no te aventurarías a pasarle, si las vieses, y perdería la ocasión, sino emboscándose en los matorrales de esta orilla, y cayendo sobre ti cuando tus fuerzas estuviesen divididas en una y otra margen.

Así lo hizo, como has visto, y harto conoces el resultado.

Yo estaba vigilado con extraordinarias precauciones; atado, como te he dicho, de pies y manos. Solo me desataban las manos para comer. Los barcos, que son ligeros, se pusieron a seco en la playa desierta del Caspio, y diez hombres solo quedaron para su custodia. El capitán trajo aquí para la empresa la más gente que pudo.

Indudablemente, yo hubiera permanecido a bordo sin acudir en tu auxilio y sin saber siquiera lo que ocurría, pues, aunque entiendo y hablo varios idiomas, ignoro el de estos moradores del Caúcaso, a no ser por la singular y portentosa vieja que has visto. El capitán de los bandidos y los otros dos exploradores la hallaron vagando al declinar de la tarde en un bosque no lejos de la playa y tuvieron la ocurrencia de traerla cautiva.

La vieja dijo a unos la buena ventura, curó a otros varias enfermedades y se ganó la voluntad de todos. Con rara facilidad hablaba la lengua de los piratas, como habla la tuya y otras varias.

Los piratas no desconfiaron de la vieja; conversaron sin recatarse de ella y la enteraron de todos sus proyectos.

La vieja no me había dirigido nunca la palabra durante cuatro días que habíamos vivido juntos. Imagina cuál sería mi sorpresa, cuando hoy de mañana, estando yo tendido, dormitando en la popa de uno de los bajeles, puesto ya en tierra, la vieja se llegó a mi oído y pronunció, no solo mi apodo, sino también mi nombre incomunicable.

Debo advertirte que desde el día de ayer nos habían dejado los bandidos y te estaban aguardando en la emboscada.

Al oír aquellos vocablos sacramentales y poderosos para mí, me incorporé lleno de pasmo y vi la figura de la vieja más extraña que nunca, por el fuego que lanzaba de los ojos y la profunda conmoción que estremecía su descarnado cuerpo. Se diría que un numen, un dios, un espíritu, la excitaba en lo íntimo de su ser. Me hablaba el bello idioma de la ley pura, y sus palabras tenían el ritmo y la armonía soberana de los cantos sagrados. Una insólita majestad resplandecía en aquel ser decaído. Una expresión de ternura maternal casi hermoseaba su semblante. La vieja me abrazó y me cubrió de besos, llamándome ¡hijo!; y apenas sí sus besos me causaron repugnancia. A mi lado vi mis armas, que la vieja había traído. Allí estaban espada, puñal, aljaba, arco y flechas. La vieja, empuñando y desenvainando mi puñal, cortó con rapidez mis ligaduras.

—Eres libre —me dijo—; toma tus armas, levántate y sígueme. Tus guardadores, unos están ausentes, otros han sido sumidos por mis artes en un hondo letargo.

Obediente seguí a la vieja, que me trajo hasta aquí, y en el camino me informó de quien tú eras, del peligro que corrías y de la misión de libertarte, que me encomendaba. Lo demás, ya lo sabes.

Ahora, ¡oh, rey Tihur!, solo me falta cumplir con el precepto de la vieja: darte la más segura prenda de amistad; ligarme para siempre contigo. Mi alcuña es Scher-Gav; el Toro-Vigilante.

Zarina (Fragmento)

I

La doctrina del progreso, a más de tener gran fundamento de verdad, está llena de poesía. ¿Qué no puede fingir la imaginación en lo futuro, suponiendo que la actividad de la mente humana va añadiendo, cada vez con mayor energía, nuevos inventos y mejoras a cuanto ya acumularon y nos legaron las pasadas generaciones? Sin embargo, todo lo que puede fantasear o columbrar en lo porvenir es incierto y confuso, mientras que las cosas que fueron conservan ser y consistencia, y, aunque carecen de vida, pueden tomarla prestada de la forma artística y del ingenio de un poeta.

Por otra parte, está muy en duda, al menos para mí, si bien creo firmemente en el progreso, que el progreso sea algo más que extrínseco. No iré yo hasta el punto de creer que los hombres de otros siglos fuesen más valerosos, más leales, más discretos, ni siquiera más robustos que los del día; pero no creo tampoco que, a pesar de todos los medios que la civilización nos proporciona, la raza humana haya ido mejorando en lo substancial. Tal vez ese vivir de los bárbaros o salvajes, que todavía se hallan en nuestro planeta, no responde al estado inicial desde donde se elevaron los pueblos de Europa a superior cultura, sino que es degeneración o corrupción en que a la larga han caído los tales salvajes o bárbaros, y de donde ni por sus propias fuerzas ni con auxilio extraño quizá salgan nunca.

En cambio, ciertas tribus o castas superiores de los tiempos primitivos, como, por ejemplo, los arios y los semitas, no debieron de valer menos que los cultos europeos de ahora, y hasta hay una ilusión óptica que hace que se nos aparezcan valiendo más. Los vemos como entre nubes, al despertar intuitivo de la inteligencia, cuando lograba más la inspiración que el discurso, bañados por la luz de una aurora divina, y como llevando en el seno fecundo del espíritu de ellos el germen lozano del árbol de la ciencia y de la cultura, cuya riqueza en flores y frutos hoy tanto nos encanta y envanece.

De aquí el que no pocos sabios vuelvan con amor los ojos, en nuestra edad, al estudio de las primeras edades, rehaciendo antiguos idiomas, traduciendo hieroglíficos, interpretando inscripciones, descifrando alfabetos, y sacando a nueva luz, del olvido en que yacían sepultados, imperios, repúblicas, reinados, dinastías, príncipes, héroes y semidioses.

¿Por qué los que no somos sabios no hemos de suplir con la imaginación lo que ellos, a fuerza de estudio, acabaron de aclarar? ¿Por qué no hemos de concluir con sus debidos pormenores y circunstancias las historias que más nos interesen y conmuevan, y de las cuales la erudición nos dejó a media miel, como vulgarmente se dice?

Hay personajes que, al entreverlos y percibirlos, indecisos, esfumados y como hundidos en el fondo de un mar de años, todavía me encantan y me ilusionan. ¡Qué pena me da de no conocerlos de cerca! ¿No sería posible que, en virtud de un raro magnetismo, de una segunda vista histórica, fijando bien la mirada mental en cualquiera de ellos, llegásemos a comprender su carácter, sus pasiones, el móvil de sus actos y todos los casos de su vida mejor que el sabio, que no se fija en el personaje, sino que inspecciona fría, prosaica y rastreramente tal cual huella que él ha dejado de su paso por el mundo, ya en el fragmento inédito, o mal entendido hasta hoy, de algún historiador, ya en un obelisco, ya en una pirámide, ya en otro monumento sepulcral, ya en alguna inscripción en forma de clavos, de las llevadas por Layard o por otros, desde el centro de Asia al Museo Británico, en multitud de sutiles ladrillejos?

Yo no creo ni descreo en el espiritismo. No he profundizado la materia. No me atrevo a decidir. Pero hablando de mí solo y por mi cuenta, aunque no sea más que de puro modesto, no atino a concebir como factible que los héroes, los sabios, los profetas, los santos y los penitentes severos de todas las religiones; los monarcas soberbios, los tiranos y guerreros, foscos, crudos y nada complacientes por naturaleza, y las hermosas mujeres, virtuosas a galantes, aunque todas caprichosísimas, retrecheras y desmandadas; en suma, todo ser que ha dejado rastro luminoso de sí en la tierra, no bien se muda al otro barrio, se vuelve tan dócil y sumiso, que acuda a mi mandato y responda a infinidad de preguntas, tal vez impertinentes. Y extrema para mí lo increíble de estos hechos la manera de responder a las preguntas, que, en vez de ser rápida, bella y digna de un espíritu, es mecánica, pesada y fastidiosa.

No obstante, por más que yo deseche el espiritismo de esta laya, declaro que en ocasiones me siento muy inclinado a creer en otro espiritismo más vago, menos metódico y más conforme con la poesía. Ya en sueños, ya dormitando, ya en arrobos, durante los cuales el alma se sobrepone a la duración o adquiere una velocidad mil veces mayor que la del rayo, acaso nos elevamos por el éter y subimos a remotas estrellas, en el momento en que llega allí la luz del Sol, que hace cuarenta o cincuenta siglos reflejó nuestro globo, o acaso por arte menos complicada y más íntima, y que es por lo mismo más difícil de explicar, vemos a los personajes pasados y los conocemos, y parece como que vivimos en su compañía, averiguando cuanto les ha sucedido.

De aquí la afición y los motivos que me inducen y hasta me habilitan para escribir historias o aventuras del antiguo Oriente. Otro escritor más profundo, o mejor dicho, otro escritor menos somero que yo, se propondría, al escribir cualquiera de estas historias, dar una lección moral, política, religiosa o filosófica a sus lectores; resolver algún problema de importancia; pero yo no me propongo nada de esto. Me propongo solo entretenerme un rato y entretener a los demás. Ojalá lo consiga. Y me propongo, igualmente, aunque apenas me atrevo a confesarlo, para que no me tilden de presumido, retraer a la vida, con el conjuro de la escritura y con la mágica evocación de la palabra, seres que ya existieron y que me son simpáticos.

Yo no estoy descontento de vivir en el siglo en que vivo, ni de tratar a la gente con quien trato, ni de llevar la vida que llevo, si bien me faltan varias cosas con las cuales viviría yo un poquito mejor; pero todavía, a pesar de que no estoy descontento, hallo consolación en la teoría universal; esto es, no ya solo en abandonar lo práctico y consagrarme a lo meramente especulativo, sin mezclarme en nada, y contemplando con serenidad cuanto me rodea, sino lanzándome también en la contemplación longincua; volando en busca de objetos muy apartados de mí por el tiempo y por el espacio. Así es que hoy mi alma se ha ido de bureo desde esta villa y corte de Madrid hasta el Asia central, y ha saltado también por cima de no pequeño montón de siglos, subiendo contra la corriente, hasta llegar al año 60 o 70, sobre poco más o menos, que en esto no hemos de ser muy escrupulosos, de la era llamada de Nebonasar.

Harto se ve que no nos hemos ido muy lejos. Estamos en una edad relativamente moderna para lo que han descubierto los sabios y prehistoriadores del día. Vivimos con la mente poco más de seiscientos años antes de Cristo.

Roma había sido ya fundada; Licurgo había dado sus leyes; en Atenas y en Corinto habían triunfado los posibilistas, cayendo la monarquía y surgiendo la democracia; el reino de Israel había desaparecido; el de Judá estaba próximo a desaparecer; y Nínive misma, restaurada después del incendio del alcázar de Sardanápalo y del saqueo y destrucción de la ciudad por Arbaces el medo y Belesu el babilónico, estaba, a pesar del tremendo brío de sus últimos soberanos, amenazada de nueva ruina.

Al pasar, o dígase al volar, hemos reparado en todo esto. Reposémonos ahora en la recién fundada ciudad de Ecbatana, capital de Media.

II

Reinaba entonces allí un rey, poderoso y muy nombrado, y que por serlo tenía muchos nombres, cuya significación, ya es idéntica, ya no lo es, ya se ignora o ya se sabe. En persa le llamaban Uvaksatara, como si dijéramos el poseedor o dueño de gallardos mulos; en asirio le llamaban Uvakistar; en griego, Cyaxares y Ozauros, y en lengua médica, Vakistarra, que significa el que lleva la lanza. Traducido este título, tan propio, de llevador de lanza o lancero, a la lengua de los persas, lengua parecida a nuestras lenguas modernas de Europa, el rey se llamaba Astibaras, y así lo designaremos en adelante.

Existía en la corte de este rey un príncipe o magnate, bello y agraciado de rostro, de elevada estatura, de afable trato, diestro en todos los ejercicios corporales, impávido en la guerra, infatigable en la caza y prudente en el consejo, a pesar de sus pocos años. Sentimos no poder darle un nombre bonito y sonoro; pero es personaje histórico; no tiene muchos nombres en que elegir, como tenía su rey; se llamaba Estrianges, y Estrianges le llamaremos.

Nada hay nuevo debajo del Sol, ha dicho el sabio, y cuando el sabio lo dijo, estudiado lo tenía. Las cosas no suelen ser exactamente iguales; pero son a menudo semejantes.

En aquel tiempo los reyes medos iban ya convirtiendo su Estado en monarquía absoluta, haciendo prevalecer la autoridad real sobre los otros poderes.

Antes, la Media había sido conquistada por una raza de arios. Los arios, luchando con las tribus indígenas y subyugándolas, habían formado una aristocracia guerrera. Después, dominada la Media por los asirios, los medos arios y los medos turaníes, esto es, los vencedores y los vencidos habían estrechado un lazo de amistad para libertarse de la común servidumbre. Había ocurrido, por ejemplo, algo de muy parecido a lo que ocurrió en España cuando la conquista de los árabes: que los visigodos y los hispano-romanos se unieron también. El primer gran caudillo que para la reconquista tuvieron los españoles se llamó Pelayo, nombre latino, y no visigodo, para denotar la fusión de las razas. Del mismo modo el primer gran caudillo de los medos había llevado un nombre tomado de la lengua de los vencidos, o medos turaníes, y se había llamado Arbaces, que significa el primero.

La nueva aristocracia fue de dos clases: turaní, y su individuos se llamaban busios, y aria, y sus individuos se llamaban arizantes. La plebe, no ya por fuerza, sino por amor de la patria, los seguía devota y voluntariamente. Así vino a constituirse una república o confederación de caudillos, busios y arizantes, que cada cual tenía sus particulares vasallos, sus fortalezas y dominios. Fundada, por último, la enriscada ciudad de Ecbatana, los caudillos principales, descendientes de Arbaces habían ido poco a poco cambiando aquel Estado en unitaria y fuerte monarquía, a lo cual contribuyó más que ninguno este gran rey Astibaras, a quien hemos ya presentado a nuestros lectores.

Al empezar nuestra narración, Astibaras llevaba más de veinte años de reinado, durante los cuales había hecho cosas estupendas. No las contaremos todas, para no cansar al pío lector; pero algo será menester referir, en resumen, a fin de que se estime y pondere todo el valor y toda la gloria de este monarca, y a fin de que los sucesos de nuestra historia o leyenda se comprendan sin dificultad.

El padre de Astibaras es conocido también con muchos nombres, que todos significan lo mismo y son el mismo, según la lengua en que el nombre ha sido traducido, a pesar del disfraz con que le han trocado al pasar de un idioma a otro. Llagabas Pirruvartis, Fraortes, Artinés y Hartruna, esto es, el Belicoso.

Artinés, a fin de no desmentir su nombre, había querido sacudir el yugo de los asirios, de quienes era tributario; había levantado un ejército numerosísimo y había ido a combatir al rey ninivita Asurbanipal; pero éste derrotó por completo al rey de Media en una brava y sangrienta batalla que se dio a las orillas del Tigris. Artinés perdió allí la vida.

Astibaras, no bien subió al trono, trató de vengar la muerte de su padre, y ya había invadido, con huestes más disciplinadas y numerosas que las que llevó Artinas, los Estados de Asurbanipal, cuando sobrevino un inesperado y gravídico acontecimiento, que retardó por muchos años su venganza.

Entre el Ponto Euxino y el mar Caspio hay una gran extensión de tierras, casi cerradas al Norte por dos ríos, el Rha, hoy el Volga, que va a perderse en el mar Caspio, y el Tanais, hoy el Don, que se pierde en el mar de Azof. Acaso más de cien leguas al Sur de dichos ríos, como defensa o valladar puesto por la Naturaleza, se levanta y extiende, de mar a mar, la ingente cordillera del Caúcaso, donde, según la fábula griega, Júpiter amarró a Prometeo con cadenas de diamantes, y donde un buitre comía el hígado del titán filántropo, hasta que Hércules logró librarle. Desde la falda del Caúcaso, dilatándose al Mediodía hasta el monte Ararat, en cuya nevada cumbre se posó el arca de Noé, habitaban y habitan aún diversas tribus, gentes o naciones, apellidadas caucásicas; casta de hombres valientes, robustos y hermosísimos, cuales son hoy los circasianos, georgianos y mingrelianos, en los tiempos a que nos referimos designados con nombres diversos. Al Oriente, en las riberas del Caspio, vivían los albaneses, y más al Sur, los cadusíos; al Occidente, orillas del Ponto, habitaban los colquios, famosos por Medea, la hechicera, y por el áureo vellocino, y más al Occidente, los calibes, diestros forjadores del hierro, y los de Tibar, tan envidiados por su oro. En el centro de estas naciones, y como defendiendo las puertas caucasianas contra las invasiones de los escitas, se hallaban los iberos, de quienes sin duda proceden los primitivos españoles, que se llamaron iberos también.

Aunque se me censure como digresión impertinente, se me antoja decir aquí que he tenido una verdadera satisfacción al ver que mi docto y sagaz amigo el padre Fidel Fita ha probado casi en su discurso de recepción en la Academia de la Historia que los iberos de España y los del Caúcaso son los mismos iberos, y que el georgiano y el vascuence son lenguas hermanas. Hacía mucho tiempo que yo afirmaba lo mismo, sin haberlo estudiado y como adivinándolo de tenazón. Y una de las razones que yo tenía para ello era y es la corrección de formas y facciones y la hermosura de las mujeres de las provincias vascongadas y de Navarra, donde se conserva aún la raza ibérica primitiva en su mayor pureza; por donde yo no podía persuadirme de que dicha raza tuviese ni hubiese tenido jamás afinidad ni parentesco con la fea raza amarilla, tártara, mongólica, o como quiera llamarse. Basta echar una rápida mirada de inspección etnográfica a las marquesas de S. y C. T., ambas de pura raza vascongada o ibérica primitiva, para convencerse de que no corre por sus azules venas una sola gota de sangre tártara, sino que toda es de Georgia y de la más acendrada y exquisita.

Refieren las crónicas georgianas, mandadas redactar y publicar por el rey Wagtang, que, después de la dispersión de las gentes, fue a poblar la Georgia o Iberia el gigantesco patriarca Togorma, hijo de Gomer y nieto de Jafet. Otros quieren que fuese Túbal, hijo de Jafet, quien pobló o colonizó la Iberia del Caúcaso, y que luego él o sus descendientes llegaron hasta la Iberia al Sur de los Pirineos, ya pasando primero a Irlanda, isla a quien dieron el nombre de Ibernia, y desde allí viniendo a España, ya viniendo a España directamente. Sobre estos nombres de Iberia e Ibernia, de Ebro y de iberos, dados a diversas comarcas, ríos y pueblos, se ponen varias etimologías. Ya los derivan de ibha, que en el idioma de los vedas vale tanto como familia, ya de avara, que en el mismo idioma significa occidente.

Como quiera que sea, parece probado y archi probado que estos iberos del Caúcaso eran lo que se llama arios, y que desde allí, salvando los desfiladeros de dichas montañas, buscaron y siguieron uno de los más importantes y trillados caminos, por donde la gente aria se fue extendiendo por Europa. Todas las tradiciones convienen en esto, y aun los nombres de lugares, que fueron poniendo al pasar, lo confirman. Y está asimismo demostrado que de la propia manera que desde el Sur del Caúcaso invadían la Europa los arios-iberos, pasando al Norte, también, en no pocas ocasiones, los iberos y demás pueblos del Sur del Cáucaso sufrían la invasión de los hijos de aquéllos que en otro tiempo se apartaron de su lado y emigraron a regiones más boreales.

Ya, desde muy antiguo, cuentan las citadas crónicas de Georgia no pocas invasiones en el Sur del Caúcaso, de las gentes que habitaban al Norte de dichas montañas y que formaban un reino llamado de los cuzares o kazares, el cual se extendía hasta más allá del Borístenes y del Tiras. Parece, además, probado que el rey de los dichos cuzares llegó, dos mil años antes de Cristo, a dominar toda la extensión de tierras que va hasta el Ister, y que al Sur del Caúcaso hizo también tributarios a todos los pueblos caucasianos, que se llamaban entonces togormíes, a causa del patriarca Togorma, de quien se jactaban de descender, o kartlosies, a causa del gigante Kartlós, hijo de Togorma, que había sido su primer rey.

Tributarios dicen que permanecieron largo tiempo los kartlosíes del rey de los kazares, a quienes los autores clásicos llaman sauromatas o sármatas, y cuya capital era Guerrhus, cerca de donde está hoy la ciudad rusa de Kief, a orillas del Boristenes; pero una gran revolución que hubo en el Irán vino, si no a libertarlos, a hacer que cambiasen y mejorasen de dueño.

La gloriosa dinastía de Djenschid y su imperio más glorioso habían sido destruídos por un tirano, descendiente de Chus y de Nembrot, a quien llaman Zohac, o sea Dragón, y a quien también llaman Peiverasp, porque poseía diez mil caballos árabes; pero pronto suscitó la Providencia a un héroe, por nombre Feridún, cuyas hazañas ha cantado en lindos versos el poeta Firdusi, el cual Feridún, a quien también apellidan Tetraono, libertó a los iranios del yugo de Zohac, y encadenó a este déspota diabólico en la cumbre del Caúcaso o del Demavend, donde unas serpientes que le brotaron en las espaldas y que mientras era tirano no le hacían mal, porque las alimentaba con sesos de niños, privadas ya de tan costoso alimento, se le comían a él de continuo.

Prescindiendo de esto, que sin duda debe de ser una fábula, la cual tendrá su sentido moral, es lo cierto que, restablecido por Feridún el imperio de los iranios, éste se extendió sobre los Pueblos del Caúcaso, los cuales recibieron entonces la cultura, la religión y los libros de Zoroastro.

Más tarde, según he podido averiguar a fuerza de prolijos estudios, habiendo crecido mucho la población de la Iberia oriental, civilizada entonces con la civilización irania, enviaron los iberos nuevas colonias a España, donde ya habían enviado otras; y estas nuevas colonias llevaron allí los libros zoroástricos y todas sus teologías y filosofías. De aquí, el gran saber de los turdetanos y tartesios, y más tarde la ciencia y la virtud de Argantonio, rey de Tarteso y de Cádiz, de cuyo feliz reinado tengo preparada una historia mil veces más interesante que esta que ahora escribo. En ella se verá cuán atinada es la conjetura del Padre Fidel Fita, de que Argantonio era un athravan zoroástrico que reinó en España durante el eclipse de Tiro, aplastada por Nabucodonosor, y de que el código turdetano que Estrabón menciona, era el mismísimo Avesta.

Contrayéndonos ahora a los tiempos y negocios del rey Astibaras, diré cuál fue el pavoroso acontecimiento que le detuvo en medio de sus triunfos sobre los hijos de Asur.

Los escitas, que se distinguen con el calificativo de sauromatas o sármatas, estaban muy pujantes bajo el cetro del rey Madías. Hombres y mujeres iban siempre a caballo y peleaban con igual valor, armados de flechas con puntas de hueso envenenadas y con yelmos y escudos de piel de toro, de donde el primer fundamento de cuanto se refiere de las amazonas. Este pueblo belicoso de los sármatas, después de haber vencido a los cimerios y a los tauros, que habitaban entonces la Crimea, penetraron en Iberia por los desfiladeros del Caúcaso, lo arrollaron todo, y cayeron sobre Media como nube de langostas destructoras y terribles.

Astibaras acababa de derrotar a los asirios, y ya había puesto cerco a Nínive, pero tuvo que levantar el cerco y acudir a la defensa de su patria. Dio a los invasores una gran batalla, y fue vencido.

Los escitas, vencedores, se derramaron entonces cual torrente desvastador, no solo por el Imperio medo, sino también por la Frigia, la Lidia y la Cilicia, salvando la cordillera del Tauro, y llegando hasta las fronteras de los reinos de Jerusalén y Samaria.

El profeta Jeremías alude sin duda a estos bárbaros del Norte, y no a los persas cuando habla de aquellos guerreros que envía el Señor para destruir a Babilonia. «Viene, dice, contra ella una nación del Norte, que pondrá su tierra en soledad, y no habrá quien la habite.» Claro está que Jeremías no había de estar tan poco versado en geografía, que había de llamar a los persas nación del Norte, cuando con relación a los babilonios pueden llamarse nación del Sur, y mejor aún del Oriente. Y en otra parte añade Jeremías: «He aquí que viene un pueblo del Norte, y una nación grande, y muchos reyes se levantarán de los términos de la tierra.» Con lo cual parece indicar que estos invasores vienen de muy remoto país, y no de la Persia y de la Susiana, cuyas tierras baña el Tigris, lo mismo que las de Babilonia. Jeremías alude, pues, en esta ocasión a los escitas. Todo lo que de ellos dice conviene a los bárbaros del Norte, y no a los persas. «Crueles son, exclama, crueles y sin misericordia; y la voz de ellos sonará como el mar»; como si se tratase de lengua peregrina e ignorada, que resonase a modo de bramido.

En suma, y aluda Jeremías a quien se le antoje, lo cierto es que estos escitas sármatas, si bien devastaron otras muchas comarcas, se fijaron en Media principalmente; y así, tal vez sin concierto previo, fueron auxiliares poderosos de los asirios. Astibaras, en lucha constante y heroica contra ellos, tratando de arrojarlos de sus Estados, durante más de veinte años, dejó reposar a Nínive y a sus reyes.

III

Entre el estruendo y el horror de las armas, en medio del tumulto de esta larga guerra de independencia, se había criado y había crecido nuestro héroe, Estrianges.

A la edad de diecisiete años, cuando apenas le apuntaba el bozo, había ido a pelear al lado de su padre, a quien había visto morir, atravesado el corazón por una enherbolada flecha enemiga.

Estrianges, que era hijo único, heredó los bienes y Estados que su padre poseía, y entre ellos un castillo o fortaleza, a pocas parasangas de Raga, en lo más áspero de los montes al Sur del Caspio, yendo de Raga hacia Oriente. Desde allí, como el águila desde su nido, había estado en acecho cuando los escitas podían mucho aún, y había caído sobre ellos en frecuentes expediciones, vengando la muerte de su padre y auxiliando poderosamente a Astibaras en la empresa de libertar a su pueblo.

Cuando ya los escitas fueron pereciendo, o sometiéndose, o huyendo de Media, Estrianges entretenía sus ocios cazando tigres y otras fieras alimañas, de las muchas que se crían en aquellos montes, cuyas ramificaciones abarcan al Sur de la silvestre Hircania y la separan de la Partiena.

Ya de edad de veinticuatro años, acudió Estrianges a la corte de Ecbatana, adonde llegó precedido de la fama de sus altos hechos, como guerrero y como cazador. Y no era esta fama vaga e indefinida, sino que se fundaba en datos aritméticos de la más severa exactitud. Sabíase a punto fijo el número de batallas, encuentros y escaramuzas en que se había hallado; cuántos escitas había muerto con su propia diestra, y cuántos tigres, panteras, leones y jabalíes habían perecido entre sus manos.

Además de esto, y de ser Estrianges el más acaudalado y rico del reino, y muy discreto e instruido para lo que entonces se sabía, gozaba de ciertas cualidades de que no podemos dar idea, clara sin gastar mucha prosa o sin apelar a un concepto anacrónico. Puesto en su tanto el modo de ser de tiempo y de lugar, Estrianges era el dandy o el gomoso más perfecto de Media; era el espejo en que se miraban todos los elegantes sus contemporáneos.

Resultó de aquí la cosa más natural del mundo. La hija mayor del rey, que era lindísima, recatada e inteligente; que bailaba y cantaba bien, y tenía otras mil habilidades, se enamoró de Estrianges del modo más resuelto. Esta princesa llevaba un nombre sonoro y significativo de sus prendas de carácter. Se llamaba Darvasastu, que en lengua pérsica es, como si dijéramos, que ella sea fuerte. Darvasastu, lo fue en amor como en todo.

El rey Astibaras, lejos de hallar disparatado este amor, halló que se ajustaba bien con su política. Por medio de un enlace lograría que entrara en su casa y familia el más rico y brioso de sus grandes vasallos, corroborando su dinastía y ligando a sus intereses todo el poder y los medios de que gozaba aquel arizante ilustre.

Fácil fue darle a entender la inclinación que tenía por él la princesa, lo cual no pudo menos de lisonjearle en grado sumo. Si bien no compartió aquel amor fervoroso, supo agradecerle. Darvasastu valía un tesoro, y Estrianges, lleno de amistad y de reconocimiento, quizá él mismo confundió tales afectos con los de amor vivo, y decidió casarse con la princesa, sin creer que hiciese con esto el menor sacrificio. Casóse, pues, según los ritos y ceremonias de la religión de Zoroastro, que si bien algo impurificada por la religión de los asirios, era en aquella edad la religión oficial del reino de Media. De esta suerte, vino a ser Estrianges yerno del rey Astibaras.

Con el trato y la convivencia, ambos consortes, que eran finos y prudentes, fueron amandose más cada día y viviendo en santa paz matrimonial, aunque por parte de ella con grande amor, y por parte de él con tibieza; tibieza, no obstante, oculta entre mil cuidadosos extremos y atenciones, pues no en balde era él la flor de la cortesía.

Tan rara concordia duró años; fue una desmesurada Luna de miel. Contribuyó a esto que Estrianges, a pesar de que no amaba con fervor a su mujer, era tan descontentadizo y tan crítico, que tampoco hallaba a otra alguna, ni dentro de los dominios de su suegro ni fuera, en cuanto él había explorado en sus peregrinaciones, que fuese más digna de su amor.

De aquí que, allá en el fondo de su alma, él se dijese algo parecido a nuestro refrán castellano: a falta de pan, buenas son tortas; y como todo es relativo en este mundo, él, de un modo relativo, amó a su mujer por cima de todas las otras mujeres conocidas y reales.

La situación de su ánimo, no confesada a nadie sino a sí propio, atormentaba su corazón, a pesar de cuanto va dicho. No era él hombre que se contentase y aquietase con lo relativo: ansiaba lo absoluto y lo perfecto.

Con frecuencia tenía este o semejante coloquio consigo mismo:

—Yo consagro a mi mujer todo el amor que pudiera dar a otras mujeres; yo soy un dechado de fidelidad; pero descubro en lo más hondo de mi pecho un manantial abundante de cariño, el cual ella no conoce y del cual ni ella ni nadie bebe. ¿De qué me vale este manantial? ¿Para qué esta riqueza de que nadie goza? Esta escondida virtud, ¿no llegará jamás a manifestarse?

Así discurría Estrianges; pero como sus discursos en este particular eran recónditos, pasaba en la corte, con gran satisfacción de Astibaras, y pasaba también en la dilatada extensión del reino, por el fénix de los maridos. Por modelo le presentaban a los suyos todas las mujeres casadas, y todos los padres de hijas casaderas anhelaban un yerno que se le asemejase.

En su casa solo parecía que faltaba un requisito para la completa felicidad; requisito que, no ya en apariencia, sino realmente, hubiera estrechado su lazo de amor legítimo. Su matrimonio había sido estéril. Cinco años hacía que se había casado, y no había tenido sucesión. Estrianges tenía entonces treinta años, y veinticuatro la princesa.

Los hombres, cuando no hallan pábulo bastante al fuego interior, a la actividad que los devora; cuando no tienen objeto real a quien consagrar sus facultades, suelen buscar algún objeto fantástico o sofístico. Estrianges no era todo lo feliz que él ansiaba ser. Sentía sed, apetito de algo confuso, que no acertaba a explicarse ni sabía dónde encontrar. Su mujer, sus amigos, las demás mujeres, su gloria, su posición, la hermosura del universo, las estrellas que pueblan el éter, el esquivo y grato terror de las selvas, los matices y aromas de las plantas y de las flores, todo deleitaba su ánimo; pero su ánimo no se pagaba de nada por entero. Entonces llegó a imaginar Estrianges si todo sería como misterio, cifra o emblema, cuyo significado podría descubrirse por medio de alguna clave que explicase el enigma. De aquí que, paso a paso, sin revelar nada a nadie, porque era muy reservado, se fue Estrianges dedicando a la magia.

El amaba y buscaba a la luz, y pensó, por consiguiente, en la magia blanca, y no en la negra; pero, según hemos indicado ya, la pura religión de la luz increada se había contaminado y falseado bastante en Media en aquellos tiempos, mezclándose con extrañas supersticiones y creencias venidas de otros países, y singularmente de Babilonia.

IV

Estrianges se afanaba por revestir de forma sensible algo que fuese núcleo de luz increada y perfecta concreción de su idea; algo donde pudiera consumir la llama de amor que devoraba su alma.

Consultó a los athravanes y magos, y se dio a entender, en vista de la consulta, que así como en todo el universo no había ser que no tuviese su idea en la mente, así tampoco había idea en mente alguna, por vaga y confusa que la idea fuese, que no tuviera su objeto real en el mundo. De aquí deducía Estrianges que la idea por la que estaba atormentado no era idea vana, sino idea que tenía objeto, y que era menester buscarle para que aquietase en él su voluntad.

Esto, sin embargo, ofrecía no pocos inconvenientes. La empresa era difícil. Podían, además, darse circunstancias que la hiciesen imposible.

—En el seno de Zervana-Akerena —pensaba nuestro héroe—; en el seno del tiempo sin límites, está todo: está el dios del bien, Aura-Mazda; está el dios del mal, Arimanes; y están las criaturas de ambos dioses enemigos; pero ahora, en el momento en que vivo yo, ¿vive o no vive también el ser que me enamora? Sin duda vive. Pero ¿vive con forma y en condiciones que me le hagan asequibles? ¿No puede haber pasado ya por esta tierra que habitamos y estar aguardando en el reino de las sombras el día de la resurrección de los cuerpos? ¿No puede ser que aún no haya venido a esta mansión terrena, y exista solo su feruer, esto es, su esencia celestial y divina? ¿Qué esperanza me resta, si el objeto de mi amor es feruer o espíritu desprendido ya del cuerpo? También es dable que el objeto de mi amor, en vez de ser criatura de Aura-Mazda, sea criatura de Arimanes; provenga de las tinieblas, y no de la luz.

Estrianges trataba de desechar de sí este pensamiento, que le convertía en amador de un ser diabólico; pero el pensamiento persistía. Arimanes, allá en lo hondo de su tenebroso imperio, había acertado a crear seres hermosísimos, que parecían hijos de la luz. Entre ellos se contaban las pairikas o peris. Estrianges llegó a sospechar si andaría él enamorado de una pairika.

De todos modos, en lo que él estaba firme era en revestir al objeto de su amor ya viniese de la luz, ya de las tinieblas, de un cuerpo imaginario de mujer hermosa. Pero ¿dónde y cómo hallar la realidad de este ser?

Mil métodos adoptó y ensayó para hallarle. Al cabo hubo de dar un gran paso en este camino, si bien este paso le trajo a más angustiosa situación de espíritu de aquella en que antes se hallaba.

A nada dio jamás tanto crédito nuestro héroe como a la existencia de un fluido misterioso y sutilísimo, el cual es elemento o ambiente en que se bañan, viven y respiran los espíritus; por manera que este fluido apenas es materia, pero de él nacen las esferillas sutiles que, apretándose y aglomerándose, de difusas que eran, vienen a formar los soles y los demás astros y cuantos seres en ellos moran y viven; fluido, por otra parte, cuya infinita virtualidad, potencia y brío los espíritus selectos logran a veces reunir, desechando la extensión, la pesadez, la masa, la inercia y otras cualidades que son esencia de los cuerpos, y guardando solo la energía, que es el principio espiritual, invisible e impalpable de la vida y de la inteligencia.

Lisonjeándose Estrianges de haber adquirido cierto dominio sobre este fluido, se creyó apto para desprender su espíritu, dejando al cuerpo en letargo, y sin desatarse del cuerpo, y unido a él como por un hilo de dicho fluido, volar por donde quiera con tal rapidez, que equivaliese a ser ubicuo.

Para lograr esto, no vaciló en apelar a medios reprobados por Zoroastro, fundador de su religión: bebió del mágico licor llamado Soma u Homa, que era considerado como el dios de la inspiración, y se untó las plantas de los pies y de las manos, el pecho y la nuca, con linimentos que le suministraron los hechiceros caldeos, los cuales tenían entonces convento o congregación en Ecbatana.

Cualquiera que fuese la causa, lo cierto es que Estrianges empezó a tener muy singulares visiones. Su alma, como si le nacieran alas para volar y fuerzas para romper la cárcel del cuerpo, le abandonaba dormido, y vagaba con velocidad por mil regiones, buscando siempre el escondido objeto de su idea confusa.

Una vez se halló Estrianges en medio de vastísima llanura, donde apenas había árboles, sino larga y verde hierba. No reparó en otros accidentes del paisaje, porque pronto se halló en un pequeño recinto, cuyas paredes le pareció que flotaban como si fuesen de tela. Sobre enorme piel de oso, extendida en el suelo, había una limpia cama, con cubierta de púrpura. En la cama yacía durmiendo una tan bella mujer, que la imaginación jamás la había fingido tan bella, ni con mucha distancia. Su cuerpo, casi desnudo, era mórbido y gracioso, y modelado con suaves curvas, aunque lleno de vigor; su tez, sonrosada y blanca; su frente, despejada y serena; carmín sus labios; sus mejillas, como claveles, y su luenga cabellera, tan abundante, tan rubia y tan gentilmente rizada en ondas, que parecía envolver en parte a su dueño con manto de luz y de oro.

Extático la contempló Estrianges durante algún tiempo, cuya exacta duración no pudo medir. Tampoco acertó a explicarse si su presencia allí, meramente espiritual, ejercía algún influjo en la mujer dormida. Notó, no obstante, que la mujer despertaba de pronto, abría los ojos y miraba con cariño hacia el punto en que estaba él. Entonces creyó advertir asimismo que los ojos de ella eran azules y llenos de luz, como el cielo en el mediodía, y que en su gesto, en su actitud y en su mirada se revelaban la inteligencia y todo el brío de un noble carácter.

Por un momento pensó Estrianges que aquella mujer no era más que su propia idea, que se proyectaba fuera de sí saliendo de las nieblas confusas del cerebro y tomando forma distinta; pero esta reflexión (como la del que duda si estará despierto o soñando, que solo con dudar parece que afirma que está despierto) le corroboró más en la creencia de la realidad exterior y material del ser que contemplaba. Y esta creencia, por último hubo de convertirse para Estrianges en certidumbre cuando entendió que otro sentido, además del de la vista, daba testimonio en su alma de la existencia de aquella mujer. Estrianges la oyó decir con acento peregrino y en idioma que comprendía, por más que no acertaba a deslindar cuál fuese: «¿Quién viene a interrumpir mi sueño? ¿Quién me perturba?» Luego, con voz entera, aunque se tradujesen en ella la inquietud y el enojo, exclamó la mujer: «¡Hilka, hilka, bescha. bescha!», conjuro mágico, exorcismo asirio, que se ha conservado en uso hasta nuestros días entre quienes cultivan y ejercen las ciencias y artes ocultas, y que significa: «¡Vete, vete, malo, malo!» La fuerza de este conjuro se tiene por irresistible cuando se pronuncia acompañado de los signos que el ritual exige. Así es que el espíritu de Estrianges se conmovió y se replegó apenas le hubo oído. La visión se apartó de su vista, o, más bien, él se apartó de la visión. Estrianges se halló despierto, en su lecho y en su propia alcoba, al lado de la princesa Darvasastu, su legítima consorte.

Mil veces intentó después volver a ver a la mujer misteriosa. Mil veces excitó y lanzó a su espíritu en busca de ella. Todo fue en balde. Tan potente era, sin duda, la virtud del exorcismo asirio.

Estrianges acudió de nuevo inútilmente a los bebedizos mágicos y a los impuros linimentos: se hizo iniciar en los misterios de Mitra, a fin de adquirir recursos más poderosos para ver lo escondido y ser zahorí del tesoro que cada día codiciaba más su alma; pero la mujer se sustraía a sus sobrenaturales pesquisas. Por tales medios no volvió a verla nunca.

Libros a la carta

A la carta es un servicio especializado para
empresas,
librerías,
bibliotecas,
editoriales
y centros de enseñanza;
y permite confeccionar libros que, por su formato y concepción, sirven a los propósitos más específicos de estas instituciones.

Las empresas nos encargan ediciones personalizadas para marketing editorial o para regalos institucionales. Y los interesados solicitan, a título personal, ediciones antiguas, o no disponibles en el mercado; y las acompañan con notas y comentarios críticos.

Las ediciones tienen como apoyo un libro de estilo con todo tipo de referencias sobre los criterios de tratamiento tipográfico aplicados a nuestros libros que puede ser consultado en Linkgua-ediciones.com.

Linkgua edita por encargo diferentes versiones de una misma obra con distintos tratamientos ortotipográficos (actualizaciones de carácter divulgativo de un clásico, o versiones estrictamente fieles a la edición original de referencia).

Este servicio de ediciones a la carta le permitirá, si usted se dedica a la enseñanza, tener una forma de hacer pública su interpretación de un texto y, sobre una versión digitalizada «base», usted podrá introducir interpretaciones del texto fuente. Es un tópico que los profesores denuncien en clase los desmanes de una edición, o vayan comentando errores de interpretación de un texto y esta es una solución útil a esa necesidad del mundo académico.

Asimismo publicamos de manera sistemática, en un mismo catálogo, tesis doctorales y actas de congresos académicos, que son distribuidas a través de nuestra Web.

El servicio de «libros a la carta» funciona de dos formas.

1. Tenemos un fondo de libros digitalizados que usted puede personalizar en tiradas de al menos cinco ejemplares. Estas personalizaciones pueden ser de todo tipo: añadir notas de clase para uso de un grupo de estudiantes, introducir logos corporativos para uso con fines de marketing empresarial, etc. etc.

2. Buscamos libros descatalogados de otras editoriales y los reeditamos en tiradas cortas a petición de un cliente.